就職活動の本質

中原勇一郎

幻冬舎ルネッサンス新書

258

プロローグ

新型コロナウイルスの感染拡大で、二〇二〇年から就職活動事情は大きく変わった。

私が就活生だった一九九三年頃はスーツに身をまとい、数々の企業説明会に足を運んで情報収集に明け暮れ、夏場は額の汗をぬぐいながら、体中汗だくになりながら企業回り。インターネットもなく、企業を調べる手段は、企業に申し込んで送付してもらったパンフレットや七センチ厚くらいの分厚い『会社四季報』。今のようなカラフルに図解付きで、業界別にキレイにまとめられた『会社四季報』ではなく、辞書のような文字だらけの情報誌から、意中の企業の規模、業績、初任給、福利厚生などを中心に調べあげ、ノートに書き写しながら、申し込み先の優先順位を定めていっていた。

企業へのインターンは、当時はまだ主流ではなかったが、数週間企業に入り込んで社会人先輩達のわけのわからない言葉が飛び交う現場で「会社ってこういうところなんだぁ〜」と刺激を受けながら企業のイメージを掴み、そして自分が働きたい場所や将来やりたいことのイメージに落とし込んでいっていた。

大学の就職課に足しげく通い、大学が提供している名簿の中から、意中の企業に勤める社会人になった大学の先輩達の連絡先を調べあげ、片っ端から電話をかけて、企業のこと、就職活動の乗り切り方について熱心に聞きまわりながら、自身の自己ＰＲや志望動機を固めていっていた。

時代は変わり、感染拡大がおさまるところを知らないコロナ禍で、国内八百五十万人、世界五億三千万人（※二〇二二年五月現在）に迫る感染者数といった社会現象に見舞われ、今の大学三年生の就職活動は悶々《もんもん》と始まる。夢みていた海外留学は国境閉鎖で断念。人と人とのコンタクトが伴うクラブ活動やサークル活動は大幅に制限され、一部では月単位ではなく年単位で活動自粛。本来アピールしたかった大ネタを奪われ、社会人と肩を並べて、社会人になる予行演習ともいえるインターン活動に胸を膨らますはずだった数週間のインターン生活は、オンライン形式で一日からたったの数日。いわゆる「会社」という雰囲気を醸し出すデスクが並べられたオフィス風景もなければ、横に社会人の先輩がつくこともない自宅の勉強机で、パソコンを目の前に、企業の実態を画面越しに体験するという文字通りバーチャルなインターンシップの場数をこなす。

友人達と喫茶店や大学生協の食堂などでわいわいと就活の進捗、業界動向など情報交換していた私の時代のあの光景はもはや皆無。自宅でホームページ検索、『会社四季報』といった情報雑誌とにらめっこで悶々と企業選びをする、そんな孤独な日々。実際の企業面談の入り口はほぼオンライン。自身の表情、熱意、思いなどが、画面越しに、周波数に乗っかって的確に伝わっているかも微妙な、そんな面談本番を迎える。

今の学生達の多くは、情報収集の仕方に迷い、閉ざされた空間の中で、活動範囲を限られてしまった中からネタを絞り出さざるをえず、そのアピール方法に悩み、もはや企業で働くことの本質的な部分さえ見失い、働きたい企業像や自分がやりたいことすら見つける術をも失ってしまっているのが実態。

そんな中、時代の象徴であるスマホのアプリの中にMatcherというユニークな無償のマッチングアプリが存在する。平たくいうと、就活生とボランティアで掲載している社会人就活相談者をマッチングするプラットフォーム。学生が意中の社会人に申し込み、マッチングが成立するとZoomなどを通じて個別面談をするという形式である。

当の私は二〇二一年四月に、「悩み事、相談事を受け付けます」と登録。自身の大学4回生の息子が22卒就活生だったこともあり、息子に〝オヤジ、こんなん好きやろ？〟と紹介されたのがきっかけ。そこから、連日全国の学生達からの予約を受け付け、結果的に二〇二二年五月中旬時点でおおむね三百名超、北は北海道から南は九州まで、北海道大学、岩手大学、東京大学、早稲田大学、慶応大学、明治大学、法政大学、立教大学、専修大学、東洋大学、京都大学、大阪大学、神戸大学、大阪公立大学、同志社大学、立命館大学、関西学院大学、関西大学、京都産業大学、龍谷大学、広島大学、九州大学、熊本大学、立命館アジア太平洋大学、西南学院大学等々、他地方の国立、公立、私立大学、全国の様々な就活生達からの申し込みを受け付け、加えて海外に留学している学生達からも一部申し込みを受け付けて相談に応じており、多い時期は一カ月先まで予約が埋まっている。

23卒採用就活の佳境に差しかかった十二月から三月にかけてはほぼ毎晩、一回一時間半～二時間といった時間を学生達と向き合っている。予定がパンパンに埋まっても、学生が掲載しているプロフィールに目を通し、どうしても早く相談に乗ってあげたい学生に対しては、週末や祝日の朝九時に受付をねじ込んで、一日にダブルヘッダー、時にはトリプルヘッダーで臨むこともある。

学生達との面談を通じて、私が彼ら、彼女らに伝えたいこと、「自分の夢磨き」と「自分のエピソード磨き」の考え方、工夫の仕方、そして、本書の目的である「就職活動の本質」、これらが今の彼ら、彼女らの悩みを解消する上でしっかり刺さっており、多くの学生達から、「自分に自信がついた」、「これからやることが明確になった」、「就職活動への向き合い方が１８０度変わった」と時間を費やした私にとっても嬉しいフィードバックを頂いている。自己ＰＲに自信がもてなかった学生の中には、私が一瞬で磨き上げた彼ら、彼女らの自己ＰＲを聞いてポロポロと涙を流す人もいた。「自分の自己ＰＲなのに、見違えてしまって自分の自己ＰＲじゃないみたいです。でも、それが自分なんです。自分も捨てたもんじゃない、そう感じる一時間半の面談でした」……そんなフィードバックもあり、私の経験や考え方、そして私の志からくる就活生達に伝えたい「就職活動の本質」というテーマに大きな手ごたえを感じている。

アプリを通じての学生達との面談は、時間制約上人数に限界。申し込みラッシュの昨今、断腸の思いでお断りをせざるをえない事態となっている。それでも、ツイッターの就活ハッシュタグを見にいくと、「もういやだ、病んできた、どうやって自分を魅力的にアピールしたらいいの？　働きたい会社が未だに定められない、23卒就活はまだ終わっていない！　もう24卒就活始まったとか言わないで！」といった学生達の悲痛な叫びのツイートを日々目の当たりにし、更には私が面談してきた学生達からも、友人がメンタルやられてしまっているなどの情報を数多く聞く。

私はもっと多くの学生達に勇気と希望をもってもらい、彼ら、彼女らに夢に満ちた就職活動を実践してほしい、そんな思いが日に日に募るようになり、〝一人でも多く〟の悩みを解消してあげたい、One on One ではなく、集団面接指導形式にしようか、はたまたユーチューブに動画をあげようか、ツイッターで専用のアカウントを作ろうか、等々いろいろと考えを巡らせたが、結果的に書籍というツールを使ってそれを広く伝えていきたいという思いに辿り着いた次第。

二〇二二年正月、私が新年に当たり家族に宣言した三つの抱負のうち、ひとつが「本を書く」。そこから一気に二カ月で書き上げた。三月一日の就職活動解禁以降、企業面談が佳境の三月から六月で活動している大学四年生の学生達、大学院二年生はもちろんのこと、次年度の就職活動に向けて、早期に夏頃から就職先に思いを巡らせ始める大学三年生、大学院一年生の学生達、主にそのような学生達の手にとって頂き、それぞれの就職活動の気づきになってもらえたら幸いである。

こうも私がモチベーションを途切らすことなく、何故ボランティアでこのような活動を何カ月間も続けていられるのか。自分でも不思議なほどの使命感なのだが、それには私が歩んできた私のユニークな学生時代、そして波乱万丈の会社人生が大きく影響している。

本書の目的は、就職活動での面接の極意や「就職活動の本質」を伝えるところにあるが、その考え方には私自身の今までの人生のコンテクスト（背景）がないと伝わらないので、前半は私の学生時代、そこから本書の核心である「就職活動の本質」について語り、最後に私の今までの会社人生という筋書きで（オチで）、全体を通して最終的には本書を読んでくれている学生諸君の就職活動の自信に繋げるというところに結んでいきたい。

「なぜ就職するのか」、「社会人とはナニか」、「企業とはどういう存在か」、一見堅苦しく感じてしまうトピックではあるが、皆さんが就職活動に臨むにあたり、これらの本質的なトピックについて、私なりの個性を曝《さら》け出し、日々の学生との面談同様に、学生目線で、できるだけユーモアたっぷりに語っていきたい。その中で、皆さんには、常に「自分」と照らし合わせ、「自分自身の考え方」を構築しながら読み進めていってほしい。

～ Matcherアプリに掲載している私のプロフィール～

中原勇一郎　　パナソニック株式会社

就職戦線に臨む皆さんに勇気を与えられたらな。そんな思いの完全ボランティアです。特に相談者の特徴をできるだけうまく捉えて、トガりのある自己ＰＲに磨き上げていけるように協力します。面接官は一日に何十人も面談します。印象に残らんかったらドボン！　相手に突き刺さるインパクトを与えましょう。また就職活動の本質と意義について気づきを与えることを中心に話をさせてもらいます。

米国通算６年の帰国子女

・北米向け貿易業務８年
・米国シリコンバレーベンチャー企業勤務１年
・オーディオ・デジカメマーケティング兼海外営業３年
・薄型テレビ（VIErA）商品企画課長６年
・新興国 SCM 関連＠シンガポール　Manager ２年
・ビデオ系（DIGA・Blu-rayプレイヤー等）商品企画課長３年
・エアコン商品企画＠マレーシア　Director １年
・給湯器エコキュート SE 担当責任者２年

当社内で多岐にわたる職能、海外経験を有する。概ね商品企画職が長い。英語はネイティブ。当社のことに限らず、他社、他業界、面接極意や割と幅広い分野で相談に応じます。採用活動・リクルーター経験も有。

以下、自己紹介

筋トレ歴35年。趣味は14歳から始めたギターでEddie Van Halenを崇拝。愛用はEVH Wolfgang他5本。ツイッターは2020年5月に始めてアメリカ政治とそれに因んだお笑いにフォーカス。アメリカの政治犯罪、司法・Justiceに着目し、民主主義を守ると共に、なんせ世界を笑わせることに必死のツイートを炸裂しまくっている。アメリカ人中心にフォロワー数は現在19,500人くらい。読書は好き。概ね経営書籍・ビジネス書・心理系が多い。31歳の時に一年間中小企業診断士の教材を自己啓発的に学習。経営の学習と実践に深い関心あり。パチスロもかなり好き。愛車は21年落ちのトヨタ・アルテッツァの6速ミッション。この年になっても走りを追求。Nissan GTR R32がほしい。攻めたい。世界一かわいい妻、芸能人より小顔で超キュートな幼稚園先生の愛娘、クールで超男前な4月からMBA生の息子の父親。趣味が多すぎて暇がない半世紀を超えたおじさん😂

2022年3月17日に就職活動用アカウントを作りました。今後投稿していきます。@you_nakahara
フォロワーゼロからスタート😂

文字数制限千文字いっぱいいっぱいを駆使して仕上げた。当初はもう少し社会人っぽくかしこまった内容だったが、息子に「固すぎる！」と指摘をもらい、少々砕けた表現も交えながら書き直していったのが今の最終形。

就職活動の本質

目次

第一章　私の学生時代

読者の学生諸君と私との間には四半世紀以上の年齢差があるため、皆さんの今の立場に歩み寄れるよう、就職活動という本題に入る前に、私の学生時代について語っておきたい。私も一九九三年に就職活動をしていた頃は、皆さん同様に、自身の過去や自身の経験を振り返り、いわゆる自己分析を行っていた。

小学校六年生。十二歳の時に○崎窯業《ようぎょう》という耐火煉瓦を扱う会社に勤めていた父の突然の転勤に伴い、私はアメリカに転校することになった。当時知っていた英語といえばHello! Goodbye! Thank you! 程度。六畳の居間と四・五畳が二間。実質五十平米程度しかない間取りの南阿佐ヶ谷団地で、決して裕福な暮らしではなかった四人家族の庶民が突然アメリカ。正直なところ、「アメリカ」イコール「外国」程度の知識しかなかった。きっとアメリカ人って大きいんだろうな。家も大きいんだろうな。自分の部屋もらえるのかな。かわいい金髪の女の子がいっぱいいなんだろうな、それは楽しみだ。所詮は小学六年生が考えることなどこの程度。不安もなければ将来のことなど微塵も考えることなく、アメリカ北部、オハイオ州クリーブランド郊外のロッキーリバー市に移住することとなった。

基本的に家は大きい。でも、私が住むことになった家は一般的には富裕層が住むといわれるコンドミニアム式の閑静な住宅街だった。自分で芝刈りが不要な近隣住戸と共有の巨大な共用庭。二十畳ほどの地下室。二台分の大きな駐車場はリモコンで開閉式。三十畳はあろうかのリビング。座ったことのない、身体が沈むようなどでかい五人分のソファー。薪で炎を起こす本物の暖炉が設備されたファミリールーム。南阿佐ヶ谷では、姉の椅子と私の椅子の背もたれが当たってしまうほどのスペースしかなかった、狭くて窮屈だった四・五畳の勉強部屋からは想像もできない私だけの寝室も十畳はある立派な部屋だった。アメリカ転校で、文字通り私の生活は一変した。

当時のクリーブランド・ダウンタウンはアメリカでも有数の犯罪多発危険地帯。赤信号で車を止めると、周囲からホームレスや見るからに危険そうな人が近づいてくることもあり、赤信号でも車を突っ走らせる、それほど神経を尖らせていないといけないような地域だった。そこから南東にI90高速道路を車で一時間ほど走らせた先のカヤホガ郡、ロッキーリバー市。その近隣は超白人街、ダウンタウンとは打って変わって安全地帯と言われる地域に私は住んでいた。

普段の生活シーンで黒人と会うことは皆無なほど、露骨に白人種しか住んでいない地域で、私が編入したのはRocky River Jr. High Schoolの6th Grade、いわゆる六年生。6th Gradeから8th Gradeまで九割以上白人、アジア人は学校全体で数名、日本人は私だけ。しかも英語を喋れない日本人を受け入れるのはその学校史上初めてだったこともあり、父が学校と交渉をして、アルファベットのＡＢＣから勉強するような特別コースのチューターをつけてくれた。

そんな配慮や、私のアウトゴーイングでアクティブな性格も相まって、三カ月ほどで相手の言っていることが理解できるようになり、半年後には英語がペラペラになっていた。父の方針で、アメリカに来たからには英語漬けになれ！　と五年間一日たりとも日本人学校に通うことはなく、現地の生活に溶け込んでいき、私の個性はアメリカナイズされていった。

今でこそ、「多様性」、「LGBTQIA ＋」、「人種差別反対」、そういったことが世界中で社会現象化しているが、私がアメリカに引っ越した一九八二年当初は全く違っていた。先述の通り、黒人を締め出しているような印象の、極めて違和感を覚えざるをえない白人だらけの白人街。当の日本人である私も、ゆえに、周囲からみて「アジア人」、「外国人」と認知されているきらいがあった。

当然アジア人でもあるし、外国人でもあるので、そこに異論はないのだが、私はアメリカ滞在中に一部の心ない人達からいじめられることもあった人種差別の被害者・経験者である。〝Jap!〟、〝Yellow Monkey!〟、〝Pearl Harbor!〟、〝Rice Peddler!〟、〝Go back to your own country!〟（ジャップ！　黄色人種モンキー！　真珠湾攻撃！　米食い商人！　自分の国へ帰れ！）。一部ではあったが、こんなことを言われることはしょっちゅうだった。学生だけではなく、先生からも差別を受けることもあり、それはそれは小中学生なりに、人生の中で屈辱を味わった体験、孤独を感じた経験だった。

大方アメリカ人しかいない学校の中でたった一人の日本人だったため、学校に行くことが辛かった時もあるほど、深い傷を負ったこともあった。ただ、これは今の私には絶対に欠かすことができない大きな価値観に結びついている。

自由の国アメリカで、楽しいこともあり、辛いこともあり、私にとってはかけがえのない五年間であったが、私がアメリカでの生活で学べたこと、それは英語を喋れるようになったことなんかではなく、日本に対する「愛国心」。やや右寄りの表現に聞こえるかもしれないが、決してそんな意味合いではなく、日本を離れて日本を初めて知ることができたということ。日本を外からみて初めて日本を意識したということ。そして、自分は日本人なのだな、日本が好きなのだな。日本を馬鹿にされたら怒りがこみ上げてくるんだな。こんな自覚を覚え、こんな感性を弱冠十二～十三歳くらいで培うことができたこと。それは今の私の中で、私は日本人として誇りをもつ、というひとつのポリシーと化しており、アメリカ生活で得ることができた最も貴重な価値観として心の中に刻まれている。だから、アメリカでの生活を目一杯謳歌《おうか》して楽しんでいた帰国間際の十七歳の時、父から突然呼ばれて「日本に帰国することになった。お前に一週間やるから、残りたいか、帰りたいか、どちらか自分で選んでよい。どちらでも道をつくってやる」と打ち明けられた際に、やはり日本に帰ろうと、意外にもスムーズに決心がついたのである。

でも、当時の私は十二歳から十七歳までの五年間、一日も日本人学校に通うことなく、当時はまともに漢字も書けず、怪しい日本語を喋る十七歳。帰国子女枠で面接と論文だけで、受験戦争という過酷な試練を伴うことなく合格することができた同志社国際高校に、本来高校二年生の年齢で、一学年落として高校一年生に編入することになった。

同志社国際高校は自由だった。私服の学校生活。海外生活が長く、日本語のレベルが学年相応に追い付いていない学生に対する特別クラスの設置、大方八割の学生が帰国子女。そんな長年海外の国々で生活してきた、半分外国人のような学生達が不自由や不安を感じることのない、帰国子女にとっては国外の学校生活と遜色のない雰囲気やカリキュラムの中で、私は日本の高校生活を謳歌することができた。

エスカレーター式で内部進学した同志社大学で、私は文学部・英文科に属していた。大学進学の際に父の希望であり、父との約束でもあった英語教師の教員資格取得。教職課程は大学四回生までしっかり学習し、意外にも私は割と高い成績で四回生の教育実習の年を迎えた。

ここで一つの判断が伴った。教育実習は四月。大方の企業の面接が四月に集中していた。従って、私は父に内緒で教職課程を途中で辞退したのである。

某国立大学の教授だった祖父の血筋柄、私を教師にしたいという思いが父にあったのだろう。そして、高度経済成長期を支えて、毎晩終電の時間外労働や休日といった概念のない過酷な環境で、父のようにサラリーマンになって、納得のいかないことにYes Manを演じることなく、〝先生〟として生徒に慕われる立場で仕事をしてほしい、そんな父なりの考えがあったのだと思う。父は私に、「おまえは人の言う通りに従うのが好きな性格ではない。サラリーマンになったら苦労するぞ。先生の方が性に合うはずだ」と言っていた。でも、私はサラリーマンの道を選んでしまった。

「受験勉強もしたことがなく、帰国子女というアドバンテージで同志社国際高校〜同志社大学という学歴を手に入れ」……私の今までの学生生活をこのように表現した。改めて要約すると十二歳から十七歳までの五年間、窯業の仕事をしていた父が、アメリカにジョイントベンチャーを構えるということで赴任が決まり、家族も一緒に渡米。この経験が今の私の個性、性格、価値観の基礎になっていることは間違いない。そんな貴重な経験があったからこそ、ロクに漢字も書けず、日本語もまともに喋ることができなかった私が、帰国子女枠で関関同立の大学に入れたことは言うまでもない。

　こんな偶然が重なって、ある意味楽勝な人生を歩む人間も世の中にはいる。でも、受験戦争というものを経験したことがなく、基本中の基本的な日本の中学義務教育課程を丸ごとスキップしたことは、実は私が生きてきた人生の中で最大の劣等感として、今でも私の中に刻まれているのが本音。結果的に楽をしてきてしまった学生時代、他の一般学生のような高校受験、大学受験という苦労を一度も経験してこなかったことは、特に社会人になってからいろいろな場面で不利に働いた。ゆえに、表面的には楽勝な私の学歴で、英語もペラペラといった華やかな印象の学生時代も、私には私なりの苦労があり、そしてそれなりに今の私の考え方に深みを与えているように思っている。

このような学生人生を経て、私は一九九四年四月に松下電器産業株式会社（現パナソニック）で働くことになった。入社から今までの私の会社人生については最終章の第八章で詳しく語ることにする。

それでは、ここから学生諸君に向けて、就職活動という本題に入っていきたい。

第二章　就職活動へのアプローチ

「働きたい業界、働きたい企業の絞り込み方がわからない」、「業界を絞ると、それだけではリスクがあるので広くいろんな業界をみているが、それぞれ異なる業界に合わせた志望動機が作れない」、「会社で働いたことがないので、表面的な志望動機に思えて不安」、「自己ＰＲやガクチカを添削してほしい」、「自己ＰＲがうまく言語化できない」、「自己ＰＲが平凡なように思えて、差別化できていないようで不安」、「パナソニックという会社について知りたい」、「中原さんの仕事や歩んできたキャリアについて詳しく聞きたい」。学生達からの相談はおよそこれらの内容に集約される。

　私はパナソニック（以下、当社）のことについて、他の企業について、他の業界について、就職活動全般、自己ＰＲについて、自身の知見の限りで、なんでも相談に応じるというスタンスで受け付けている（もちろん、当社の事情についてはコンプライアンスを弁《わきま》えて、社内事情は常識の範囲で語っている）。

　私は他業界については、自身の経験や仕事の関係、そして国内外の広い人脈、また読書を通じてソコソコの知識や知見があると自負している。でも、事前に相談にくる学生達のそれぞれのプロフィールに目を通して、私自身があまり深く理解が及んでいない、あるいはあまり知らない業界や企業を志望している学生との面談の前には、手短にさっとネット上で勉強して大枠を理解し、その上で自分の考え方をまとめておくという準備をしている。ゆえに、Matcherを通じての就活相談ボランティアは、それなりに私にとっても視野を広げたり、思考を尖らしたり、考察力を磨いたりといったいい勉強の機会にもなっている。また、学生達の最近の学業の傾向、研究内容なども関心深いものが多く、熱心に語る学生には私自身もひきこまれ、私が知らない学問の世界や発見があり、大変刺激になっている。

私が掲載しているプロフィールを読んで、申し込みと共に「トガりのある自己ＰＲについてアドバイスを頂きたい」や「志望動機についてアドバイスを頂きたい」などのメールが日々飛んでくる。男女関係なく、学歴関係なく、フェアに受け付けているが（多少母校の学生からの申し込みは優先してはいるが）、最近のスタンスとして、しっかりとプロフィールを記載していること、その人の迷いや悩みが何なのかが見えること、ここはしっかりとチェックをさせて頂いており、申し込んだ学生のプロフィール覧が白紙状態であったり、記載内容があまりに雑であったり、少なかったりする場合は、残念ではあるが断ることもある。ただ、三百名ほどの学生達を受け付けてきた印象として、Matcherアプリに登録するほとんどの学生は就職活動に真剣に向き合っており、社会人と面談するにあたって、精一杯自分なりの表現をプロフィール覧に綴っている学生が多いことは確かである。

パナソニック（株）という検索から私に辿り着く学生もいれば、私のプロフィールに関心をもったり、学生達が私に残してくれたレビューコメントと星数評価をみて申し込んでくれたりなど、きっかけは様々。ただ、面談後に学生が私のレビューを書いてくれた後、また私が彼ら、彼女らのレビューを書いた後、一時的にどっと申し込みが殺到するので、どうやらそういったアプリの仕様になっている模様。学生から申し込みがあり、私が受け付けてマッチングが成立すると、アプリ内で簡単な日時調整のメッセージのやりとりを経て、Zoom のオンラインＵＲＬを予約受付として私のカレンダーに記録する。少々面倒ではあるが、こんなアナログな受け付け方をしている。昨年ゴールデンウィークは少々張り切りすぎて、連日で一日に三人も受け付けて、毎日五〜六時間も面談していた時期もあり、さすがに疲れが溜まってしまったので、自分の時間もバランスよく大事にするようにと、以来基本的には一日一人に絞るように運営してきている。だが、一月以降は申し込みラッシュのため、おおむね三月から五月くらいにかけては、週末は朝晩一人ずつ受け付けるように回していっている。

学生との面談当日、Zoom のリンクにアクセスすると、「はじめまして！」という、リアルの世界では会ったことのない学生との面談が始まる。まずは冒頭、学生の緊張をほぐすために他愛もない世間話や冗談を交えながら数分間会話することを心がけている。学生の緊張がほぐれ、自然な笑顔が確認できたら開始するのだが、開始にあたって私が学生に聞くことがいくつかある。①在籍している学部・学科でどんな勉強をしているのか。②働きたい会社、あるいは業界は定まっているか、おぼろげながらでも何となくイメージはあるか。③私に申し込んでくれた一番の目的は何か、迷いや悩み事は何かである。この瞬間に私は就職活動においての、その学生の全体像を掴む。そして、自分の中で目標を立てる。「あなたの迷いや悩みを必ず解決できるように話をしていきたい」と。

第三章　トガりのある自己ＰＲの練り上げ方

標準化されてしまっている自己PRテンプレート

「中原さんのプロフィールにある〝トガりのある自己PR〟という言葉、他の学生達のレビューに〝トガりのある自己PRの作り方がわかった！〟とあったので相談に申し込みました」。相談者が私に申し込んでくれたきっかけで一番多いのがこれである。多くの学生達は、「今の自分の自己PRはどうも平凡でトガりがないように思えてしまう」、「どうやって他の学生と差別化したらいいかわからない」、「自分にはそんなに際立った、トガったエピソードがないので悩んでいる」。だいたいこんな相談が中心である。

まず私は学生に「だいたい一分くらいで私に自己PRしてみてくれる？」とお願いする。三百名以上の学生と面談してきたおよそのパターンは以下である。

学生Ａ：

私の強みは人の気持ちに寄り添って行動ができることです。その経験は学生時代の飲食店でのアルバイトでした。私は勤めていた飲食店でアルバイトのリーダーを任されていました。コロナ禍でお店の集客力が落ち、お店の売上がなかなか増えず、後輩アルバイト達のモチベーションがどんどん下がっていきました。私は後輩達の悩みをすい上げ、リーダーとして彼ら、彼女らのやる気を喚起することでチームワーク力を上げることに注力してきました。それだけでなく、お客さんが求めている期待に応えられるよう、お客さんの声にもしっかり耳を傾けて、サービスの質を上げて、停滞していたお店の売上を５％も上げることに成功しました。このように、私の強みは人の気持ちに寄り添うことができ、そこから成果を生み出すことができることです。

学生Ｂ：

　私の強みは課題に対して徹底的に努力をして結果を出すことです。これは私の学生時代のサークル活動から得られた強みです。私は部員百名を超すフットサルサークルに入りました。高校まで球技やチームスポーツの経験がなかったので、全く上達できず、なかなかレギュラーポジションを掴み取ることができませんでした。その課題は、練習量、技術力、パワーと私は分析しました。なので、夜は10㎞のランニング、キック力を上げるために毎晩百回の壁当て、体力をつけるために筋トレをするなど、徹底的に努力を重ねてきた結果、試合に出るまでに成長しました。このように、課題を明確にして、それに対してひたむきに努力を重ねることで結果を出せるのが私の強みです。

学生Ｃ：
私の強みは継続力とチーム貢献力です。私は大学の体育会野球部に所属しているのですが、主将という立場で、チームをまとめつつ、攻撃の口火をきる要の一番バッターとして、シーズン終了時点で首位打者の成績をおさめることができました。毎晩毎晩来る日も来る日もひたすら素振りの練習をして、ボールを遠くに飛ばせるよう筋トレにも励んだだけでなく、ネットの動画などで優良選手達のバッティングを研究し尽くしてきたことで打率は大きくあがり、最終的には三割を超える打率でチームナンバーワンの首位打者タイトルを獲得することができました。このように、チームに貢献するために継続的な努力を惜しまないことが私の強みです。

自己PRは〝伝える〟ではなく、〝伝わる〟ことが目的

三百名以上と面談してきたからわかる。一分間という枠を与えられながらも、一分間ギリギリまで使いきる学生も少なく、決まったテンプレートは以下である。

「私の強みは〇〇です～」から始まり、「その経験はアルバイトや大学のサークル活動やクラブ活動」、そこに、ある程度定量的な数字を盛り込んで話を作り、最後に冒頭の強みをもう一度繰り返す。私が面談してきた実に九割以上、いや、ほぼ１００％がこの同じパターンであることに私は驚愕している。

一体どこにこのテンプレートが存在しているのか。どこにそんなマニュアルがあるのか。毎度学生に聞いてみると、就職活動を始めた当初にネットで調べていくと大方このような構成が一般的なので……定量的に数字を入れることが望ましいらしい……と、見事に皆それに従順に従って同じなのである。

別に、皆それぞれに、精一杯の経験談であり、それを決して否定するわけではない。ただ、聞いている側の私からすると、正直なところどの自己ＰＲも同じようにしか聞こえないのである。私は一日当たり一人、あるいは二人しか応対しないので、難なくその人物と内容を一時的に記憶することができるが、大企業の面接官は一日に四十名から五十名といった数の学生と向き合うこともある。もし私が今その立場にいたら、どんなに必死に面談に臨んでいたとしても、最終的に誰がどういう人物だったか、何を発言したかを覚えているのは極めて困難だと思う。

事実、私は二十八歳から二十九歳の若手の頃、二年ほどパナソニックで学生の一次面接官をした経験がある。当時は大学別選考が主流で、当社の場合は五年目から六年目くらいの若手社員が選抜され、一次面談は我々若手社員が担当し、そこで選抜した学生を二次の人事面談にあげるというルーティンになっていた。

　私は同志社大学出身だったので、文字通り担当は当社を志望する同志社大学の学生達。朝の十時から夕方五時頃まで、ひたすら出身校の学生との面接をこなす。学生も真剣だし、我々もいい学生を選び抜きたいので真剣。できるだけ学生達に、自然体でいいアピールをしてもらえるような雰囲気を作り、でも必死に面談に臨み、一人ひとりを見極めようとするのでとんでもなく疲れる。メモもしっかりとる。でも、夕方全ての面談を終えて四十名から五十名の学生を振り返ると、誰が何を発言していたのかなかなか思い出すことができない。それが現実なのである。しかし、そんな中でほんの一握りの際立った学生がおり、我々面接官の脳裏に焼き付いていた。記憶と印象に残っていたのである。面接官の印象に残ること、これはズバリ、**顔と名前と発言した内容が一致**すること。しかも、だいたいこのようなケースでは名前はフルネームで覚えていた。例えば佐藤さんや田中さんや鈴木さんではない。佐藤眞弓さん、田中愛彩さん、鈴木幸輔さんというように、我々の記憶に刻まれていたので、ＥＳ（エントリーシート）を参照し直しても、すぐにその人物像がピンときたのである。

自己ＰＲで合否の判定が決定づけられるわけではないが、その人の印象が決定づけられるか否かは大方ここで決まる。

自己ＰＲは、どこの企業でも、全ての面談でほぼ確実に聞かれる入り口の質問である。「第一印象が全て」、こんな言葉があるが、実際のところ自己ＰＲが相手に自分を印象づける面談全体で担う割合は極めて大きいのである。

自己ＰＲは面談の入り口。相手の面接官に自分に対して関心を寄せてもらい、その後の質疑を良好に進める上でも、戦略的にシナリオを練り上げなくてはならない。面談の中での質疑を想定することは難しくても、自己ＰＲは唯一、自分のみが知る自分を好きなように表現でき、自分にとって極めて優位性が与えられている機会なのである。

自己ＰＲのＰＲとはPromotion の略である。Promotion とは〝推進〟を意味するが、企業ではよく〝販促〟などで使われる言葉。文字通り、自分の〝売り込み〟、自分の〝訴求〟ということである。ゆえに、自分をいかに魅力的に表現し、相手に突き刺さり、決定的に印象づけるかということを、事前に戦略的に練ることができ、面談の中でも唯一自分の手の内にあって自由に主張ができる大事な一分間であり、極めて優位なOpportunity（機会）なのである。

面談で主張する自己ＰＲの目的とは決して「伝える」ことではない。なんだと思う？　私は必ず学生達に聞いている。面談で主張する自己ＰＲの目的は「伝える」ことではなく「伝わること」。似て非なる、全然違う目的なのである。相手に刺さり、共感を呼び、自分という人物像を決定的に印象づける狙い、それは相手に「伝わる」ことにある。ここが、自己ＰＲを練り上げていく上でのポイントのひとつになる。

あなたの自己ＰＲは自己採点で何点？

一分間学生に自己ＰＲをしてもらった後に、その内容について私からいろんな角度で質問をしていく。何故？　いつ？　楽しかったことは？　今でも続けたいか？　どんな苦労があったか？　それをどうやって乗り越えてきたか？　等々……（※ここで質問してきた意図については後ほど改めて触れる）。そして、これらの質問に答えてもらった後に学生達に質問する。

「今、あなたが私に聞かせてくれた自己ＰＲを自己採点、自己評価で何点と評価する？」。中には10点、20点、70点というバラつきはあるものの、だいたいの学生達の答えは40点か60点。日本人らしいとでも言おうか、控えめな、平均点近似値の点数をつける。実は50点がおらず、50点よりちょい下、あるいは50点よりちょい上という感覚であることがうかがえる。

例えば、60点として、私は彼ら、彼女らに伝える。「あなたの自己ＰＲを私は決して60点とは評価していないですよ（本心で）。でも、もしも面接官があなたの自己ＰＲを60点と評価したならば、それは仕方のない現実。それは面接官の評価だから。面接官の印象がそうだったということ。ただ、ここでの最大の問題点は、あなたが、あなた自身の自己ＰＲを自ら60点と評価したことなんですよ」と。ここで学生達は皆「ハッ！」と我に返る。

就職活動とは、別に企業から内定が出たからといって、あなたの人生が決まるわけではない。でも、就職活動で企業を選ぶということ、企業に選ばれるということ、結果的に内定が出て採用が決まるということはあなたの人生のひとつの大きな岐路である。そのそれぞれの面談過程で与えられる時間は長くて三十分。いや、だいたい十五分から二十分が相場である。ベンチャー企業や中小規模の会社であれば募集も少なく、応募数も限られてくることもあり、じっくり一時間ということもある。しかし、大手の企業の新卒採用枠には全国からウン千人という学生が応募する。一人に一時間を与えたら一日に七人から八人しか面接できない。これではウン千人の学生との面談をこなすことができない。なので、十五分から二十分が大方の相場になるのが実態なのである。ゆえに、そこで聞かれる質問の数など知れている。五つか六つ、多くても七つか八つといったところであろう。そんな自分の人生の岐路にあたる場面で、たったの十五分から二十分という時間の中で、自分自身の全てを出し切らなくてはならない大切な時間なのである。「あなたはそんな大事な場面なのに、なんで60点でいいと思っているの？」とツっこんでみる。もちろんそれでよいという学生は一人もいない。

限られた時間を大切に

私がシリコンバレーに滞在していた時に起業家達に教えてもらったことがある。起業家達は自身のアイデアや技術を事業化したい。そのためには資金が必要。日本では銀行に駆け込んで融資元を探すのが一般的であるが、シリコンバレーの起業スタイルは異なる。一般的には投資家を探すのである。起業家達は資金提供元を確保するために、著名な投資家やベンチャーキャピタルのインベスターを片っ端からあたる。ビルの前で待ち伏せて、偶然を装って同じエレベータに乗り込み、意中の投資家に「私の事業内容を聞いてください」とアタックする。すると、心ある投資家は、その起業家に対して"I'll give you 30 seconds. Go"「君に三十秒与えよう。説明してくれ」とチャンスをくれる。そこから起業家は与えられたわずか三十秒で自身が描くビジネスの神髄を語る。これで運よく関心をもってもらえると、その投資家から名刺をもらい、「後で連絡しておいで」と言われる。俗に言われる、One minute pitch や 30 second pitch という訴求に与えられるチャンスの時間軸なのである。

　企業に勤めると、時間は大切な資源。その中で要求や要点をコンパクトにまとめて訴え、相手から「ＹＥＳ」という肯定回答を引き出すことはビジネスマン・ビジネスウーマンに必要とされる、ある種のスキルである。就職活動における自己ＰＲや質疑に対する回答もこれと同じであり、学生諸君も、もうその環境に片足を突っ込んでいるのである。

拘《こだわ》る

少し話が逸《そ》れたが、「なんで60点でいいの？」の後に、私は少し時間をもらって決まった話をしている。

私はパナソニックで多様な経歴をもっていて、様々な仕事に携わった。その中でも経験が最も長いのが商品企画という仕事。二〇〇六年から六年間VIErAブランドの薄型テレビの日本国内向け商品企画を担当し、責任者としても従事した。その後、主に海外市場向けのブルーレイレコーダーやプレイヤーの商品企画責任者を四年間、そしてマレーシアでは世界百二十カ国向けのエアコンの商品企画責任者を歴任してきた。

学生にわかり易くテレビを例に出す。例えばあなたが液晶テレビを買いにヤ〇ダ電機に足を運んだとする。テレビ売り場に到着してまず思うことはなんであろう？　きっと「どのテレビも同じ。サイズや価格は違うけど、どれも総じて同じ」。恐らくそう思うであろう。それが現実だから。でも、それでは商品企画責任者の私の仕事は成り立たない。だから、もしも私が当社テレビを売り込む店員として店頭に立たせていただいたならば、「いやいや、お客さん、当社のテレビが一番映りがキレイなんです。こんなにコントラストが際立っていて、立体感のある画質なんです」という。でも、お客さんからは「シャープのテレビもキレイだと思いますよ」とツカミがとれない。それにもめげず、私は更に訴求する。「いやいや、お客さん、当社のテレビはインターネットに繋がって、VOD（オンデマンド動画）アプリも使えるし、ハードディスクも外付けできるなど、便利な機能が満載なんです」と食い下がる。でも、お客さんからは「東芝のテレビにもソニーのテレビにも同じような機能ありますよね」と撃沈される。これが競争市場の実態であり、それだけ差別化が難しい市場を相手に仕事をしていた。しかし、それでは私の仕事が成り立たないので、極端な話、私の仕事はあなたがテレビを買いたいと思ったら、あなたが、「よし、パナソニックのテレビを買いにヤ〇ダ電機に行こう！」、そう思って頂ける商品を企画することがミッションだったということ。ゆえに、私は自分が企画立案する商品には徹底的に拘っていた。

同じようなことがチョコレートでもいえる。あなたがチョコレートを食べたいと思ってコンビニやスーパーのチョコレート売り場の前に来ると、お花畑の如く、色とりどりの様々な味のブランドのチョコレートが並んでいる。その中から、テキトーに選ぶことはな

いだろう。恐らくあなたが選んで手に取ったチョコレートには、選んで手に取った理由があるはずだから。

例えば、私が学生達との話の中で引き合いに出していた、森永の「しっとり濃厚ガトーショコラ」。中を開けると一つひとつパッケージに包まれたエンゼルパイのような丸形のチョコレートパイが六つ入っている。とても美味しいので私はリピーター。既に今回で購入は三回目。それくらい気に入っている。何故か？　こげ茶色のパッケージが大人の味のイメージを醸し出しており、このチョコレートパイを食べると、白いケーキ皿にのった三角チョコレートケーキのような味がすることが描写されている。また、しっとりとした味わいに強調された「濃厚」の二文字。それでも更に際立たせた「濃」という文字が、チョコレートの濃さを印象づける。大人の味がするということは、甘ったるくないビターなテイスト。でも、それでは表現が堅苦しいので、ひらがなで「ほろにが」をチョイス。こげ茶色で大人の味を演出するパッケージにコントラストが際立つ金色の文字で「ガトーショコラ」。実は高級感を表している。

というように、森永の企画者の意図どおりであるかは不明ではあるが、私の解釈で、このガトーショコラのパッケージはターゲットに向けてとても拘っている。

さて、それは何故だと思うだろうか？　学生に聞いてみる。そう。あなたに手に取ってほしいから。あなたに連れて帰ってほしいから。あなたに選んでもらって、買ってほしいから。だからこんなに拘っているのである。

面接官も同じ。面接官がお客さんだとして、お客さんが60点のチョコレートを買うであろうか。あなたがお客さんだったとして、あなたが60点評価のチョコレートを買うであろうか。まして、あなたが十万円を握りしめて、ヤ○ダ電機に足を運び、60点評価のテレビだけど、まぁいいか……と大枚はたいて買うだろうか。買うわけがないのである。面接官が60点と評価する学生を選ぶであろうか。平均点よりちょっと上。きっと選ぶことはないであろう。でも、思い出してほしい。60点とつけたのは自分自身なのである。だから、決して自分自身を最大限に、魅力的にアピールするはずの自己ＰＲで、自己評価60点の自己

ＰＲなんて、絶対に本番で披露しないでほしい。だから徹底的に拘ってほしい。そう力強く学生達に訴えている。

学生達は我に返り、「今気づかされました。60点ではダメです。１００点を目指さなくてはなりません！」と言われるのだが、私は学生達に決して１００点満点中、１００点を目指そうとは言わない。１００点満点中、１５０点を目指そう！　そう伝えている。そもそも１００点満点に１００以上の数字などないが、私が言いたいことは〝突き抜ける〟ということ。

「拘れ」とか「１５０点目指せ」とか、偉そうなことを豪語しているが、そういう中原さんは一体なんぼのもんなのですか？と学生に思われてしまっては説得力がないので、ここで私が二十八年前に使っていた、私の自己ＰＲを参考までに聞いてもらうようにしている。

拘り抜いた私の自己ＰＲ

私は一九九三年就職活動当時、二十八年前の自己ＰＲを未だに覚えている。意中の企業に私の人物像をしっかりと訴えたかったから、そして私に関心をもってもらいたかったたから。自分の自己ＰＲを考えに考え抜いて、拘り抜いて、磨き抜いた。だから今でもしっかり覚えているのである。

まず、私は自己ＰＲの構成を考えた。

「つかみをとる」
「Body（中身）を作る」
「シメる」

である。この構成でいこうと決めた。つかみと中身とオチ（シメ）、関西の人間であればこれしかないと思った。バリバリにトガった面白い自己ＰＲにしてやろうと考えていた。ここでいう面白いとは、決して**Funny ではなく、Interesting な面白さ**。相手の関心を誘う、注意を惹く、共感や驚きを与えるという意味合いである。そして、この人と一緒に働いてみたいと思ってもらうこと。

実は、この**Funny ではなく Interesting な面白さ**というアドバイスは、私がテレビ局のようなマスコミ中心に就職活動をしていた時に、関西テレビに入社した一年上の先輩からもらったアドバイスである。その先輩とは、関西テレビの夕方ニュース、報道ランナーのコメンテータでお馴染みの神崎博氏、そのお人であった。

大学の就職課で調べた電話番号から「関西テレビで働きたいです！」とコンタクトしたら、神崎さんは快く会うことを承諾してくれた。会った場所は京都と奈良を結ぶ国道24号線沿いにあった奈良市内の喫茶店。私は当時、昭和59年式前期型、赤黒ツートンカラーのＡＥハチロクという走り屋に人気の少々やんちゃなスポーツカーに乗ってブイブイいわせていた。神崎さんも車が好きな方で、赤色のスカイラインＲＳタイプに乗っていた。電話で話した際に、車の話で意気投合し、京都から奈良までわざわざ出てきてくれたというのが成り行き。

今、テレビでは主に政治の解説者をされているが、当時から弁が立ち、とても話が上手な人という印象だった。その会話の中で私にくれたアドバイスのひとつが**Funnyではなく Interestingな面白さ**だったのである。私はそのアドバイスを徹底的に活かした。

ここで、少し私の過去を振り返る。私は帰国子女。十二歳で、Hello! Goodbye! Thank

you! しか知らないのにアメリカに連れて行かれ、引っ越した日から二日後には現地のローカル Jr. High School に放り込まれ、五年間日本人学校に通うことなく、帰国した際は漢字も書けない、怪しい日本語を喋る十七歳だった。日本語はイマイチだったが、英語はネイティブレベルにペラペラになって帰国したのである。つまり英語は私の最大の武器。

私の語学力に対する自信を他の視点から、学生にもう一つ例をあげる。ツイッターのフォロワー数は一般人として、だいたい千人から二千人いたらスゴいという。ネットで調べてもそのように伝えられているので、おおむね間違いない。でも、二〇二二年五月末現在、私には１９、０００人超のフォロワーがいる。ただのサラリーマンにしてはかなり多い方だと思う。三日に百人のペースでフォロワーが増殖するという話を聞くと学生達は皆驚く。

私は二〇二〇年五月頃からツイッターを始め、アメリカの政治に関するトピックで、主に政治犯罪、民主主義、司法（Justice）、人権問題、人種差別問題、LGBTQ などを包含する内容を中心に発信している。なので、私はアメリカの政治にめちゃくちゃ詳しい。そこらのジャーナリストには負けないくらい、アメリカの政治の現状や課題についての知識と知見がある。この二年間、アメリカのニュースは毎日二十本から三十本は必ずチェックしている。週末は下手をすると一日中アメリカのニュースに釘付けなんていうこともある。

MSNBC, CNN, CBS, ABC, Washington Post, New York Times 等々、毎日片っ端から読むし、聞くし、見ている。司法関連ニュースでは名の知れた、MSNBC ニュースのリーガルコメンテータで、かつてアメリカ連邦検察局で活躍された三十年のベテラン元連邦検察官も、私のことをフォローしてくれている。

政治は個々人の思想によって考え方が異なるので、私が具体的にフォーカスしている内容についてはここでは割愛するが、私はプライベートでこのようなことにどっぷりハマっており、丸二年間実質英語漬けの毎日を過ごしている。

このような背景から、私のフォロワーの九割はアメリカ人。その他カナダ、ヨーロッパ、オーストラリアの人達、日本人のフォロワーは数十人程度しかいないほどの英語中心コミュニティ。私のツイートも99%は英語で、日本語のツイートは極めて稀。でも、アメリカの政治という、ややとっつきにくいトピックではあるが、私のツイッター上のコンセプトは80%お笑い、20%超真面目なのである。真面目にニュース番組を見て、真面目にニュース記事を読んで、それらを爆笑ネタに昇華させてツイートを炸裂しまくっているのである。つまり、私は世界中を笑わせることができる。だから私は、日本中探しても私の右に出るやつなどいない、それくらい勝手に己惚《うぬぼ》れるほど英語の実力には自信があり、それくらい私のコミュニケーション力は長《た》けているのである。そのコミュニケーション力は今に始まったわけではなく、学生時代の私もそうだった。

　さて、話を私の自己ＰＲに戻そう。

　とはいうものの……語学力に自信がある、英語に自信がある、そういったところで、実際の面接の場にはツワモノ達がごまんといる。「私は二十年間アメリカに住んでいました」、「私は十一年間イギリスに住んでいました」、「私はアメリカの大学に留学していました」、「私はカナダの大学に留学していました」、「私はオーストラリアにワーキングホリデーで二週間滞在していました」、「私はＴＯＥＩＣ　９００点です！」、事実、私が面談してきた学生の中に、ＴＯＥＩＣ満点という学生もいた。

　要は、「英語に自信があります！」といったところで、何千人の中には相当数その道の猛者《もさ》がおり、その人達の中で、私なんかは先程触れたような同じ液晶テレビや同じチョコレート、つまり周りに埋もれてしまう凡人になってしまうのである。ということから、当初私は、英語は面白くないし目立たない、響かない、刺さらないと考えた。

　でも、言いたい。

それはそうだ。英語でのコミュニケーション力において、私の右に出る者などいないと思っているほど己惚れているのである。こんな自分の強みを放置するわけにはいかない。では、私はどうしたのか。以下が、「では、中原さん、自己ＰＲをお願いします」に続き、私が売り込んでいた私の自己ＰＲである。

"Wherever you go, just be yourself, stay what you are, stay who you are and you will go far in life".

これは私の友人の言葉なのですが、「おまえの個性を貫けよ、そうしたら、おまえはこの先の人生必ず成功するよ」。こんな素敵な言葉を私に残してくれた友人がいました。弱冠高校二年生の友人が、私が帰国する際にかけてくれた言葉でした。こんな友人をもつことができた、私の十二歳から十七歳までの五年間、アメリカ・オハイオ州・クリーブランドでの生活が、今の私の個性を形成している大きな要因であり、私にとってはかけがえのない、貴重な経験でした。

私がどんな人物であるか。私は、非常に執念深く、やると決めたら絶対にやり遂げるだけの正義感があります。

（大学三年生の当時）私は奈良の学園前にあるマンションに住んでいました。真冬の二月初旬、一年の中で最も寒い時期に、大学の試験勉強中にもかかわらず、夜中の零時から朝方の五時とか六時頃まで、毎晩五〜六時間、毎晩二週間張り込んで、余罪が三十件もある車上泥棒をたった一人で捕まえて、奈良西警察署に逮捕させたことがあります。盗られてしまった大切な私のアメフトチームジャンパーを取り返そうと心に誓い、アイスホッケーのスティックを手に、毎晩凍えそうな寒さに耐えながら、〝執念で〟張り込み、犯人を捕まえることができました。

そう、私がいかに執念深くて、やると決めたら絶対にやり遂げるだけの正義感がある男か伝わりましたでしょうか。

> このように、私は国籍を問わず、人種を問わず、世界中の誰とでも分け隔てなくコミュニケーションがとれる国際人であり、多様性を受け入れる準備ができています。且つ、私には誰にも負けない強い正義感があります。こんな私の個性を、御社のような事業の中で精一杯発揮していきたいと思っています。今日は、どうぞ、よろしくお願い致します。

これが私の就職活動当時の自己ＰＲだった。皆さんが想像していた自己ＰＲと全く違っていたのではないであろうか。文字におこすと平べったいようにも感じてしまうが、抑揚をつけて、強調する部分はしっかり強調して、しっかりと、でも語り口調で、最後は相手にぶっ刺すことを心がけていた。

私が学生達に私の自己ＰＲの採点をしてもらうと、１５０点！　２００点！　１５００点！　最高得点で1万点！　という高評価がもらえた。

冒頭の部分は「つかみ」。

私はまず流暢《りゅうちょう》なネイティブ英語を堂々と喋った。ここでのポイントは、私は英語云々ということに一言も触れていないこと。それでいて、相手のアテンションを鷲掴みにし、たったワンフレーズで私の語学力をズバっと突き刺したのである。

どの企業の面接でも、私の自己ＰＲは刺さりまくっていた。面接官は鳩が豆鉄砲を食らったような表情になり、集団面接で複数名の別の大学の学生達がいるような場面では、いきなり英語という私のリーサルウェポンを目の当たりにして、面接官だけでなく、グループ面談では周囲の学生達からも一気に注目を独占することができていた。面談が終わった後、別の大学の学生から、「おまえ、あれ反則やで〜、ズルいわ！」と言われることもあった。申し訳ないが、それは私にとっては心地のよい優越感でもあった。

「つかみ」をとる手段はいくらでもある。

私はたまたま英語が武器だったので英語を使ったが、もちろん他の語学に長けている人は、その言語を使ってみたらいい。

私が学生達に勧めていた方法をいくつかご紹介したい。自分を最も表す四字熟語、自分が影響を受けた著名人の格言とかでもいい。私が最も学生達に勧めていたのが、「自分だけのスローガン」を練り上げること。これは誰にも真似されない決定的な差別化になり得るし、トガったキーワードになるのではないだろうか。

例えば、先日私がある学生に練り上げてあげた入り口の「つかみ」の一言が「〝２００％の田中（仮名）〟、そう私を覚えて下さい！」だった。彼女は今まで体操競技に十六年間没頭し、中学一年生の頃から生物学の研究に目覚めて、必死に勉強して某有名国立大学の大学院まで進学し、がん予防のメカニズムについて勉強している。どちらも１００％熱中しているとのことだったので、ならば、体操競技と生物学の研究を50％／50％ではなく、それぞれ１００％／１００％の〝２００％〟がトガると考えた。きっと面接官に刺さるだろうし、文字通り、彼女は「２００％の田中さん」と記憶されるに違いない。

次に、私が車上泥棒を捕まえたという、普通ではありえない、なんとも突飛な、嘘のような「Body（中身）」の話であるが、紛れもない本当の話である。私が就職活動をしていた当時の面接官も、現在私が面談している学生達も、この話を聞くと両目のサイズが一気に倍になって驚いた顔をする。刑事でもなく、警察官でもない私が何故そんなことをしてしまったのか、これには理由がある。

私が住んでいた奈良市学園前のマンションは、珍しく地下に十数台分の駐車場があった。機械式ではなく、大型スーパーや百貨店などにある地下駐車場のイメージで、スロープを降りるとそのまま契約した位置に駐車できるといった、今ではあまり見ることのない、とても便利な駐車場だった。ただ、ゲートや柵が無く、外部の一般車両も乗り入れることができる無防備な駐車場で、監視カメラのようなセキュリティも設置されていなかった。

私の記憶では、年末十一月頃から車上荒らしの被害が出始めていた。車内から物品が盗まれたり、タイヤを盗られたり、私の家の車、トヨタのEDの対面に停めていたトヨタのマークⅡは、度々ガソリンが抜かれるといったセコい被害を受けていた。決まった曜日ではなく、ランダムに発生する車上荒らしの被害。でも、ひと月に二〜三度といった頻度の印象で、度々の被害に住人は不安で眠れない日々を送っていた。

ある日、私の車もやられてしまった。運転席側のドアの鍵穴がドライバーのようなものでこじ開けられた形跡があり、車内に入ると、センターコンソールの中身は空っぽ。盗まれた物品のほとんどは音楽カセットテープだったが、非常時用に入れていた千円札ももちろん盗られていた。しかし、それだけではない。当時私はアメフトのサークルに入っていたのだが、右肩に同志社大学のエンブレムとNakahara、左肩に#17 QBと刺繍の入った、私の大切な、大切な、エンジ色のチームジャンパーが、後部座席から盗まれたのである。

これで、曲がったことが許せない私の正義感と怒りに火がついた。私はこの時に自分の心に誓った。「俺の手でこいつを捕まえてやる。必ず捕まえてやる。そして、再起不能にしてやる」と。だから私は執念で、真冬の二月、寒さに耐えながら、護身用にアイスホッケーのスティックを手に、毎晩張り込んだのである。そして、私の執念が実り、私と同い年だった二十三歳の犯人を取り押さえて、奈良西警察署に現行犯逮捕させたのである。

緊急逮捕のその後、私は奈良西警察署で、朝方四時頃から九時頃まで捕まえた経緯などを記録する調書の記載に協力していた。警察に後で聞いた話であるが、天理市方面でも前科があり、余罪は約三十件。それだけでなく、犯人の車の後部座席のムートンの下には木刀が積まれていたことがわかり、警察官からは危険なので決して無理をせず、こういうことは警察に任せてほしいと言われた。問題は、被害届を出しても警察が捕まえてくれなかったので私が立ち上がったのだが。

最後の「シメる」部分であるが、この、「だから、私の特徴、個性、強みを御社で活かしていきたい」というポイントに言及がない学生が多い。私の感覚では全体の二割程度しかここに言及しないという印象。ポイントは、私はこういう人物で、こういうユニークな特徴、個性があり、こういう強みがある、だから御社に必要な人財なのです、という最後のトドメが必要なのである。

大方の学生達の自己ＰＲは、「私には○○のような経験を通じて、○○のような強みがあります」。以上なのである。それはそれで、自分の強みを語られてはいるものの、〝だからどうなのか〟という最後のトドメはほしいところ。実は、この〝だからどうなのか〟ということを真剣に考え出すと、自己ＰＲの中身は自然と変わってくる。先述の通り、面接での自己ＰＲの目的は「伝えること」ではなく「伝わること」。一番相手に刺さってほしいポイントは「だから御社で活躍できます！」「御社に私のような人財は必ず必要です！」「御社に私の強みや個性は必ずプラスです！」という入社意欲や熱意を前面に押し出すことではないだろうか。

逆算すると、自分の自己ＰＲを改めて見直すようになる。最後のシメの部分が全体の内容に結びついて、しっかりシメられているかが確認できるからである。しっくり結びついていなければ、改めて最後のシメの一言を、自信をもって発言できるように中身について拘って見直すという反復作業に繋がるのである。

こうして、何度も何度も、全体の繋がりを見直していく行為、そして一言一言に拘りをもって見直していく行為を、私は「磨く」と表現している。

時折、このような話も引き合いに出す。

あなたが気に入った女性や男性がいたとする。どうしても自分に振り向いてほしい。その人とどうしても付き合いたい。なんとかハートを射止めたい。そんなシチュエーションは今までに何度も経験したことがあるはず。

別に私は恋愛エキスパートなんかではないが、十代の頃は割とマメで、意中の女性を射止めることに対しては徹底的に拘っていた方だと思う。どうしたら自分が魅力的な人物に映るだろう？　どうしたら自分が優しい人物だと伝わるだろう？　どんな言葉を使ったら相手に突き刺さるだろう、響くだろう？　どうしたらこっちを振り向いてくれるだろう？どうアプローチしたら彼氏、彼女になってくれるだろう？　皆、当然のように、同じように考えるはずであるし、めちゃくちゃ真剣に戦略を練るはずである。要は、最後の、どうやったらこっちを振り向いてくれるだろう？　どうアプローチしたら彼氏、彼女になってくれるだろう？　という部分が企業に置き換わるだけのこと。どうアプローチしたら私を採用してくれるだろう？　と同じなのである。

好きな女性や男性に対しては、必死に誘い方や言葉の選び方、アプローチの順序や、話す内容と使う言葉にめちゃくちゃ拘るはずなのに、何故、就職活動の自己ＰＲの表現はそこまで研ぎ澄ますことができないのだろう？　企業を自分が付き合いたい男性や女性、自分の好みの男性や女性と捉えたら、振り向いてもらうために、付き合ってもらうために必死に自分の経験からくる考え方、強み、価値観、そして熱意を、それぞれ研ぎ澄まされた、拘った言葉や表現に生まれ変わらせることは必ずできるはずである。

約一分の自己ＰＲで「伝わる」考え方について語ってきたが、「印象に残る」ポイントがもう一つある。自分を表すトガったキーワードを文脈の中に忍ばせておくこと。私の場合は〝車上泥棒を捕まえた中原くん〟である。企業の面接官にはこのように印象に残っていたに違いない。

先に、私は面接で印象に残るとはどういうことか、それは**顔と名前と発言した内容が一致**することだと語った。これを私のケースに当てはめると、一日の面接が終了した後に面接官達の間で飛び交っていたレビューは以下の通りである。

面接官Ａ：「今日、おったやろ！　あの車上泥棒捕まえたって言ってた学生！」
面接官Ｂ：「おうおう、おったおった！　同志社大学の中原くんやろ？」
面接官Ｃ：「覚えてるわ！　いきなり英語で喋りだして目が点になったわ！」

恐らく、このように私は面接官の印象に突き刺さっていたはずである。

〝車上泥棒を捕まえた〟という言葉が極めてトガっていたので、私の自己ＰＲ全てを記憶されていなくても、私を想起して頂ける決定的なキーワードだったのである。〝車上泥棒を捕まえた中原くん〟、〝いきなり英語で喋りだした中原くん〟、〝同志社大学の中原くん〟。顔と名前と私が発言した内容は見事に一致して印象に残っていたはずである。先の「つかみ」のパートで紹介した「２００％の田中さん」もこれに該当する。

Only One

私は私の自己ＰＲには揺るぎない自信をもっていた。それは決定的にトガっていて、他には絶対にない Only One の自己ＰＲだったから。例え十年間面接をこなしてきた面接官であっても、たとえ今までに千人から二千人面接をしてきた面接官であっても、泥棒を捕まえたというようなエピソードを披露したのは、恐らく私だけである。なので、私の自己ＰＲは唯一無二、Only One だったと自負している。

私は決して私の自己ＰＲを自慢するために学生達に紹介しているのではない。それは、皆それぞれ Only One であることに気づいてもらうため。

私は海外に滞在した経験があるが、皆と同じように日本の高校や大学に通い、車上泥棒を捕まえたという少々トガったエピソードは有するものの、それでも私が語っていた当時の経験は、私が二十三歳の時。今、私に相談にくる学生達と生きてきた年数は同じ。つまり同じ条件なのである。たまたま、私にはそのようなユニーク且つトガったエピソードがあったが、私が向き合ってきた約三百名の学生達全て、皆それぞれにユニークな経験を有している。それにもかかわらず、横並びの金太郎飴と感じられてしまうこと、自らが自分自身の自己ＰＲに60点という赤点に近い点数を付けてしまう理由は、〝自分自身の Only One を探しきれていないこと〟、そしてそれを〝拘って〟、〝磨ききれていない〟ところにある。

あえて探しきれていないという表現をした。見つけきれていないのではなく、探しきれていないのである。自分自身で拘って、探しにいかなくてはならないのだが、その探し方というのは実はさほど難しくない。「深掘り」である。何故？　どんな？　どうして？　という質問を自分の中で繰り返すのである。そこから得られたエピソードを、拘り抜いて、磨き上げることが、自分自身の Only One のエピソードを絞り出し、Only One の自己ＰＲを練り上げるコツなのである。

私が就活生の頃、私の中で意識していたことがある。金太郎飴の中の金太郎になるのではなく、つまり One of them になるのではなく、金太郎飴を切っていったら突然桃太郎が出てきた！　そんな突き刺さり方になるように Only One の自分を訴求して、金太郎飴の中の桃太郎になってやろうと徹底的に拘っていた。

拘り方と磨き方。あなたの自己ＰＲ、磨いて進ぜよう

先に、私は次のようなことを綴っている。一分間学生に自己ＰＲをしてもらった後に、その内容について私からいろんな角度で質問をしていく。何故？　いつ？　楽しかったこ

とは？　今でも続けたいか？　どんな苦労があったか？　それをどうやって乗り越えてきたか？　等々。実はこれには狙いがあって学生達に聞いている。私の中で、勝手にその学生の自己ＰＲを磨いていっているのである。

私はメモをとりながら、どんどん深く質問していく。その質問のポイントは、どう感じたか、どう思ったか、どんな考え方に至ったか、その学生が話をしてくれた経験から得られた「考え方」や「教訓」や「価値観」や「オリジナリティ」を炙り出すというところにフォーカスをしている。そして、そこに辿り着くまで、拘って質問していく。

実は、これは自己ＰＲを練り上げる上で大切な分析行為なのである。私が聞く学生達の自己ＰＲのほとんどは、○○という分野で、○○のようなことをすることで、○○のような定量的な成果をあげた、という構成が一般的。もちろん、それぞれの内容に異論はない。ただ、このような話は表面的で、現象でしかない。面接官が心を打たれる部分は、その経験の中から得られた、あなたの「考え方」や「教訓」や「価値観」や「オリジナリティ」なのである。

考えてみてほしい。○○という分野で、○○のようなことをすることで、○○のような定量的な成果をあげた。○○の部分を置き換えたら誰にでも言えること。私は飲食店のアルバイトで、お客さんに寄り添った接客を通じて、売上5％アップに貢献した。実は、このアルバイト経験談のパターンは、私は全体の三割くらいの学生達から耳タコくらい聞いた話であり、見事に同じなのである。ゆえに、話が刺さらないだけでなく、つまらないのである（失礼！）。拘るポイントやトガらすエピソードはそこではない。

ところが、学生達に、いろんな角度から、いろんな切り口から質問を重ねていくと使えるネタ、本来訴えるべきネタがゴロゴロ出てくる。

私「そもそもなんでその飲食店のアルバイトにしたの？」
学生「実は私は人との対話があまり得意でなかったので、コミュニケーション力をつけたかったから」
私「どこの飲食店？」
学生「〇〇の豚というしゃぶしゃぶのお店です」
私「何故〇〇の豚にしたの？」

学生「小学校の頃から通っていて、おいしいだけでなく、子供ながらにそこで活躍するアルバイトの人達がとても魅力的だったから」

私「いやな経験とかある？」

学生「もちろん！　新人の頃、いわゆる大阪のおばちゃん風の常連客に、鉄則だったお出汁《だし》を提供するタイミングを間違えてエライ怒られて、〝あんた使いもんにならんわね〟とまで言われ、とても凹みました」

私「でもバイトは続けたの？　楽しかったから？」

学生「そうなんです。三年以上続けているのですが、接客も上達して、その甲斐あって、リーダークラスまで上げてもらい、新人アルバイトの面倒も任せてもらえるようになってから、とてもやりがいが出てきたんです。実は、新人の時に〝あんた使いもんにならんわね〟と私を凹ませた常連のお客さんも、一年経った頃には、〝あんたよく頑張ってるわね〟と褒めてくれたんです。認めてもらったことがとても嬉しかった」

なるほど、なるほどと、このように質問した後に、私なりにその学生の自己ＰＲを磨いて練り直してみる。

〝継続は力なり〟。私は小学生の頃から大好きで、月に一度は親にねだって連れていってもらっていた、しゃぶしゃぶの○○の豚店でアルバイトをしてから今で三年になります。馴染みだった飲食店でのアルバイトを決心した理由は、実は私はあまりコミュニケーションが得意ではなかったから。だから苦手なコミュニケーション力を克服しようと、あえて接客が伴う飲食店、でも私が大好きだった、しゃぶしゃぶの○○の豚を選んだのです。
そこでは大きな失敗もありました。店長でも一目置く、大阪のおばちゃん風の常連のお客さんがいたのですが、新人の私は、そのお客さんが拘っていたお出汁の配膳の順番を間違えてしまい、ファーストインプレッションで大失態を犯した結果、〝あんた使いもんにならんわね〟とまで言われてしまい、新天地のアルバイトで出鼻をくじかれ、とても凹みました。それでもお客さんから目を背けることなく、お客さんにしっかり向き合って、次第に自身のコミュニケーション力が磨かれていくこと

を肌で感じるようになっていました。

そんな私のお客さんに向き合うひたむきな姿勢を店長は評価してくれていました。

そして、あの、私に〝あんた使いもんにならんわね〟と叱咤《しった》したお客さんが、一年経った頃には〝あんた、よく頑張ってるわね〟とさりげなく褒めてくれるところまで成長できたのです。最初に怒られ撃沈した、いやな思い出が一気に吹き飛んだ瞬間でした。

今、私は新人のアルバイトを預かる教育リーダーです。自らが率先垂範して、彼らの模範となるコミュニケーションを日々心がけていますし、実践しています。○○の豚というチェーン店のアルバイト。学生の中ではありきたりなエピソードかもしれませんが、私はその中で、社会で働くことの一端を垣間見ることができました。自分の課題の克服にチャレンジすること、失敗はつきもの、でも、たった一つの失敗なんかにめげないこと。お客さんに真摯に向き合うひたむきな姿勢であることの大切さ、〝継続は力なり〟、正にそうなんだなと、得られた教訓でした。

私は、この経験を通じて、見違えるようなコミュニケーション力を身に付けることができたと自負しています。でも、企業の中では、社内外の人達との接点において、更に自分のコミュニケーション力を磨き上げていかなくてはなりません。社会人になったら、初めは〝あんた使いもんにならんわね！〟とシゴかれることもあろうかと思います。でも、私はこんな私の小さな経験から得られた、お客さんに向き合うひたむきな姿勢を貫き続けるという価値観、〝継続は力なり〟を御社の中でも実践し、必ず三年後には〝あんた、よく頑張ってるわね〟と、言っていただけるような活躍をしていきたいと思います。今日は是非よろしくお願い致します！

他にもある。大学の体育会系女子ソフトボールのクラブ活動について語ってくれた女性のケース。彼女は〇〇大学の体育会系ソフトボール部に所属していて、首位打者という素晴らしい成績を収めた学生だった。きっと、精魂込めて努力した結果なのだろう。彼女の自己ＰＲのエッセンスはこうだった。

「私の強みは、目標に向けて課題を克服し、努力を重ねることで目標を達成することです。三年間体育会系女子ソフトボール部で活躍しました。チームの目標はもちろん優勝。バッターとしての私の課題は左右に打ち分ける技術力とパワーの不足でした。入部以来、私は10㎞のランニングで足腰を鍛え、毎晩百本の素振り、そしてユーチューブの動画で徹底的に左右に打ち分ける打法を研究し、それらを継続してきたことによって、最終的に首位打者のタイトルを獲得することができ、チームの優勝に大きく貢献することができました。このように、私の強みは課題を克服し、努力を重ねることで目標を達成できることです」

彼女の場合、体育会女子ソフトボール部で首位打者という、その時点でトガったエピソードを持っていた。でも、彼女のこのユニークなエピソードはまだまだ磨けると思った私は、いろいろと質問してみた。

私「大学の女子ソフトボールって、ピッチャーが投げる球速ってどれくらい？」
学生「だいたい90km/hから95km/hくらいです」
私「それはスゴいな！　硬式野球だったら体感速度150km/hくらいあるな！」
私「ポジションはどこだったの？」

学生「実は私はＤＨ（指名打者）だったんです。だから守備のポジションはありませんでした」

私「右利き？　左利き？」

学生「左利きです」

これだけ聞いて、私のイメージはすこぶる膨らんだ。私は彼女の自己ＰＲを私なりに磨いて練り直してみた。

私は○○大学女子ソフトボール部で、〝左利き女イチロー〟の異名をとっていました。チームの目標はもちろんリーグ優勝。私はＤＨ、指名打者として、バッターとして、チームの得点の要として、チームの一勝一勝に貢献してきました。ソフトボールを始めた当初の私の課題は左右に打ち分ける技術力とパワーの不足でした。

入部以来、私は10㎞のランニングで足腰を鍛え、毎晩百本の素振り、そしてユーチ

ユーブの動画で徹底的に左右に打ち分ける打法を研究するなどの努力を重ねてきました。その成果もあり、ソフトボールでは90km/h、硬式野球ならば体感速度150km/hという高速の投球に対しても、しっかり左右に打ち分け、首位打者のタイトルを勝ち取り、三回生の今、打率三割を超えるコンスタントなヒット量産機としてチームから信頼を得、チームの優勝にも大きく貢献することができました。

私は決して一発を狙うホームランバッターではありませんでした。コツコツとヒットを重ね、得点圏に走者を進めてチームを勝利に導く、いうなればイチローのようなバッターでした。ですが、唯一、ＤＨということで正ポジションがなかったことは私のソフトボール経験の中で少々悔いが残るところです。御社で仕事をさせて頂いた暁には、決して一発ホームランを狙うような仕事の仕方ではなく、コツコツと、一つひとつの仕事を地道にこなし、御社の中でも首位打者を狙えたらと思います。そして、大学時代、私には正ポジションがありませんでしたが、是非御社では私に正ポジションを与えてください！　女イチローとして、必ず御社を優勝に導くために、いい成績を残すことを約束致します。今日はよろしくお願い致します！

いくつかかいつまんで他の事例もあげてみたい。

フットサルサークルで頑張っていた女性だが、同じようなテンプレートパターンで「私はフットサルサークルで努力を重ねて技術力を身に付け、サッカー経験者ではなかったものの、最終的にはレギュラーを取ることができた」というのが、彼女の自己ＰＲのエッセンスだった。

同じように、「サッカーの前はどんなスポーツしていたの？」、「具体的にどんな努力してきたの？」、「ポジションはどこだった？」などの質問をしていくと、何故そんな大事な部分を自己ＰＲに入れていないの？というユニークなエピソードや価値観がゴロゴロ出てくる。私の方で磨いて練り直してみた。

小学時代は水泳一筋。中学・高校時代は陸上短距離。スポーツが大好きだった私ですが、振り返ると私が経験してきたスポーツは個人競技ばかりで、タイムを競う競技ばかりでした。チームメイトと協力して、勝利を勝ち取るといったチームスポー

ツは私の憧れでした。

私は大学入学と同時に、全く経験のない球技、フットサルサークルにチャレンジしようと決心したのでした。ルールはわからない、技術はない、連携プレーができない。当初の私は全く役立たずの選手だったため、入学から二年間、試合に出ることはありませんでした。それでも、サッカーが好きになり、試合に出られない悔しい気持ち、好タイムを叩き出してきた過去の栄光が今の自分を許さず、絶対に上達してやろうと密かに陰の練習を積みました。それは、夜中に集うサラリーマンおじさん集団のフットサルクラブへの入門です。か弱い女子大学生が、連日おじさんにまじってボールの奪い合いやタックルを受けながら、徐々にルールや技術や連携プレーを磨き上げていったのです。想像できますでしょうか。自分を奮い立たせて、他の女子大生がやらないような、こんな過酷な環境にも飛び込むのが私です。

私は三年生になり、レギュラーポジションを獲得しました。ディフェンスですが、一度だけゴールを決めたこともあります。とても気持ちよかったです。

個人競技でもソコソコの実力者で楽しかったのですが、私はチームプレーの方が性に合っていました。チームのためには、少々突飛な手段を取ってでも努力を惜しま

ないチャレンジ精神があります。御社で働くことになっても、チームや会社の成果のために、こんな泥臭いチャレンジ精神を忘れずに仕事に取り組みたいと思います。そして、私は学生時代ディフェンスバックでしたが、御社ではフォワードとして、ゴールをキメられる、攻めるポジション、前線営業で活躍していきたいと思います。今日はよろしくお願い致します！

私は学生達にあれこれ質問して書き取ったメモをじっと眺め、このようなシナリオをわずか三十秒ほどで作ってしまう。これを初対面の学生達全員にやっている。どんな人のエピソードも一瞬で磨き上げてみせる。聞いた学生達は本当に驚く。一瞬で磨き上げた私の話、つまりその学生の自己ＰＲ（改）を惚れ惚れした表情で「すごい〜」と言いながらうっとりしている。「自分の自己ＰＲじゃないみたいです」。だいたいこのように言われる。でも、紛れもなくその人のエピソードなのである。私が、「点数つけてくれる？」というと、皆、揃って「１５０点！、いや２００点！、いや点数つけられません！」と評価してくれる。

私が面接してきた中で、私が練り上げ直したその人の自己ＰＲを聞いて、涙を流してくれた学生も何名かいた。自信がもてなかった、大したエピソードがない、自分なんて……。そう自分にネガティブな意識をもっていた学生が、「自分も捨てたもんじゃないことがわかりました」と涙を浮かべながら言ってくれたようなこともあり、私としては私自身の心が潤う、感慨深い瞬間を味わうこともあった。

先述の通り、自己ＰＲの磨き方はさほど難しくない。私がやっていることは簡単なことなのである。私は学生達にたくさん質問していく。そして私が、「面白いな、このネタはトガる」と感じられる話に辿り着くまで質問をしていく。少々のテクニックは必要かもしれないが、その人の経験の奥に秘めた、ちょっとしたネタ、考え方、得られた価値観などをトガらせて、起承転結で繋げているだけなのである。それを、使う言葉や表現に拘って文章にしているだけなのである。〝深掘り〟を通じて、拘り抜いて、平凡なエピソードを魅力的な表現に磨き直して蘇らせるというのは、こういうことなのである。

学生達が私に教えてくれた、ちょっとした内容からキーワードを選び抜いて、そんなキーワードもトガらせて自己ＰＲの中に忍び込ませている。一人目の学生は「継続は力なり、大阪のおばちゃんに怒られた、〝あんた使えないわね！〟、〝あんた、よく頑張ってるわね！〟」、どれかが刺さるはずである。二人目の学生は「女イチロー、首位打者、ＤＨ（指名打者）、150km/h の剛速球、正ポジションがほしい」、これらも、どれかが必ず面接官に刺さるトガったキーワードである。三人目の学生は「陰の練習、サラリーマンおじさん集団、それを裏付ける泥臭いチャレンジ精神、攻めるフォワード」、かなりインパクトを感じるのではなかろうか。

　私は学生達に言う。私が磨き直したあなたの自己ＰＲを、あなたは１５０点と評価してくれた。でも、よく考えてほしい。私はあなたのことを、まだ一時間しか知らない。しかも、あなたの自己ＰＲを聞いたのはたったの一分。あなたに質問した時間は十分程度。そんな初対面の大阪のおっさんが、あなたの自己ＰＲを１５０点に磨き上げることができて、あなたが二十年間、歩んできた自分自身の人生の中の Only One のエピソードを、あなた自身で磨き上げられないわけがない。自分が、自分自身に与えた自己ＰＲの点数が60点で、何故他人の私が語ったあなたの自己ＰＲが１５０点なのか？　おかしな話である。だから言う。あなた自身にできないはずがない。必ず、あなた自身で Only One に磨き上げることができる、いや、むしろ、本来あなたにしかできないはずなのである。

60点であれば１００点まであと40点、１５０点までなら90点なので、あと90点分磨き上げていかなくてはならない。このように言うと義務的で少々うんざりしてしまうかもしれない。ならば、あと90点分磨き放題と捉えてみてはいかがだろうか。

私は面談する学生全員にこのような自己ＰＲ磨きをしているが、実はあまり深入りはしないようにしている。その理由は、あまりやりすぎてしまうと、学生達の自分の言葉にならないからである。だから、私が練り直したその人の自己ＰＲを聞いてもらう時は、録画や録音もお断りしていることはもとより、できるだけメモもとらないように、私の話を聞くことに集中してもらえるようにお願いしている。

自己ＰＲは文字通り、自分のPromotion、自分の売り込み、自分の訴求。他人に練り上げてもらった自己ＰＲを喋っていても、どこか深みがないものになってしまうからである。だから、自分自身で、自分の特徴や経験を振り返り、最も〝自分〟という人物像が伝わるエピソードを探し抜いて、拘り抜いて、磨き上げることが大切であり、それこそが相手に響き、突き刺さり、結果として自分を相手の印象に残す極意そのものなのである。

まとめ：自己PR練り上げの極意

ここで自己PRの練り上げ方をまとめると以下の通り。

一、自身のOnly Oneのエピソードを探し抜く。絞り抜く。
二、絞り抜いたエピソードを深掘りする。
三、「つかみ」と「Body（中身）」と「シメ」でストーリーを構成する。
四、決定的にトガっているキーワードを練り上げ、磨き上げ、それをストーリーの中に忍ばせる。
五、研ぎ澄まして一言一言に拘る。自分が納得する最高の言葉や表現に辿り着くまで拘る。
六、事象や現象のような概要ではなく、自身の「考え」や「価値観」に拘る。
七、何度も、何度も反復して磨き上げる。磨き抜く。
八、企業に対して、自身の熱意、思い、意志、決意表明でシメる。

私が面談した学生達は、皆言ってくれる。「早く自分の自己PRを見直して、練り直したい、磨き上げたい。150点、いや、200点の自己PRに磨き上げます！」と。

私は彼ら、彼女らに、「何度も、何度も、拘って、拘り抜いて、磨いて、磨き抜いて、眩しいくらいにピカピカに磨き上げて、面接官の目を潰してこい！　絶対にできる！」と笑顔で勇気づけている。

ついでに、とっておきのアドバイス

二つほど、ついでに語っておきたいアドバイスがある。

一つ目は「苦労話」。

苦労話は面接官の大好物である。だから、面接では挫折経験や苦労話をよく聞かれる。この意図は、面談対象者の学生が、どのように困難を克服してきたかという点を捉えたいところにあるのは容易に想像できるであろう。

このような時に、恐らくあなたは自分がどのようにそれらの困難に対処してきたか、というポイントを必死に考える傾向にあると思う。でも、トガらすのはそちらではない。トガらすのは「挫折」と「苦労」の方なのである。

そもそも、あなたが経験してきた「挫折」と「苦労」を語ったところで、相手の面接官が、それらの挫折経験と苦労話を「挫折」と「苦労」と捉えなければ、あなたがどんなに必死に困難克服のエピソードを語ったところで響かない。平たくいうと、自分がどん底を味わった経験、人生が終わってしまったかのように感じてしまった経験、取り返しのつかないようなチョンボをしてしまった経験などが刺さる。それらを徹底的に磨いて、トガらせてみよう。それを聞いた面接官が、「そんな苦労があったのですね、それは本当に大変でしたね、それは本当に辛い経験でしたね、そんな大変な苦労をどうやって克服できたのだろう？」と共感してもらえたら、こっちのもの。その後の困難克服のシナリオが効果を発揮し、相手に刺さるであろう。

二つ目は「最後に一言」。

企業との面談において、面談の終了間際に「最後に何か質問はありますか？」と聞かれることが多いと思う。私が面談してきた学生の中にも、こんな時には何を質問したらいいんですか？と相談されることがある。

私が就活生の頃、この「最後に何か質問はありますか？」という問いがあってもなくても必ず行っていたことがある。問いがなくても、逆に私の方から「最後に一言よろしいでしょうか」と発言し、短い文章で、単刀直入に、力強く、「御社のような事業の中で、私の個性を発揮し、精一杯尽力していきたいと思っています！　どうぞよろしくお願い致します！」と、必ずどの面談でも言っていた。

面談の最後のこのトドメの意欲を発言することで、私に対して悪い印象をもたれた企業は一社もなかった。それは面接官の表情でわかった。皆、少し微笑んで、「お疲れ様でした」と言ってくれた。是非参考にして頂きたい。

ところで、ガクチカってナニ？

少々前後してしまうかもしれないが、「ガクチカ」という言葉に触れておく。

昨年四月にこの言葉を初めて聞いた時、言葉の意味がわからなかったのでグーグルで検索してみた。「学生時代に力を入れたこと」、つまり「ガクチカ」。就活生や企業の新卒採用担当でも常識用語である。しかし、私の中で疑問だった。よく、学生から自己ＰＲとガクチカについてアドバイスを頂きたいと相談がくる。ただ、私の中で自己ＰＲとガクチカの違いがわからないのである。

自己ＰＲは文字通り、自身が力を入れてきたこと、経験してきたことから得られた考え方や価値観を魅力的に売り込むこと、訴求すること。学生時代に力を入れたことと何が違うのだろう？

考えてみてほしい。学生達は皆、小学校一年生の六歳の時から今の大学三年生まで、ずっと学生なのである。つまり、今までの人生で力を入れてきたことは全てガクチカであり、自己ＰＲに通じるエピソードなのである。従って、私の持論であり結論、自己ＰＲもガクチカも同じなのである。それでも、企業によってはＥＳ（エントリーシート）に自己ＰＲ欄とガクチカ欄が両方存在するケースがある。私からすると、「なんでやねん！」とツッコミを入れたくなるのだが、実は多くの学生達も同じ疑問で頭を痛めている。皆、それぞれに、それぞれの解釈で使い分けているようだが、どうも釈然としない印象がある。

これはあくまで私流の解釈ではあるが、もしも私が学生だったならば、私はガクチカを「〝学業〟で力を入れたこと」と解釈するだろう。その捉え方は、何故大学受験でその学部を専攻する考えに至ったのか、具体的にどんなことを専門的に勉強してきたのか、どのような学びがあり、どういった収穫があり、どういった考えに行きついたのか、何に関心をもったか、大学の専門課程で得られた知見や知識、あるいはそこから派生して関心をもったことを、どのように会社という組織で活かしていきたいか、あるいは社会に活かしていきたいか、私ならこのように解釈してESを書く。何故なら、おおむね、ほとんどの学生が自己PRで学業の中身について語ることは皆無だからである。ゆえに、そうすれば自己PRとガクチカといわれる記述欄の内容が被ることはなく、書き分けることができるのではないだろうか。

第四章　志望動機

私の就活時代の志望動機

「働きたい会社をどうやって探したらいいのかわからない」。就職活動をしているはずの学生が、何故このような質問をするのか、本来であれば言語道断、支離滅裂。私は社会人になって、長年企業に勤めてきた今だからこそ、そんな偉そうなことが言える。だが、私の学生時代を振り返ると、学生達のその悩みは身に染みてわかる。事実、私自身も当時はわからなかった。それでも、〝それとなく〟興味のありそうな分野、事業内容、初任給はソコソコでも、三十五歳モデル給の高い会社、福利厚生が充実した会社――ぶっちゃけ話、これが私の就職活動の企業選びの基準だった。今思えば、よく私なんかを採用してくれる会社があったものだとゾっとする。

先にも少し触れたが、当時の私はマスコミ志望だった。中でも関西の民放キーテレビ局。MBS毎日放送、ABC朝日放送、関西テレビ、読売テレビは全てチャレンジした。何故テレビ局を志望していたか、一応まともな理由はあった。

学生の頃から、今でいうチャラ男でミーハーな私だったので、周囲からはバラエティや音楽番組と思われがちだったが、実は志望していたのは報道で、報道ドキュメンタリーを作りたかった。どこのテレビ局だったか記憶は定かではないが、深夜一時間の報道ドキュメンタリー番組で、大阪西成区のホームレスにフォーカスした特集番組が放送されていた。

普段なら、深夜に私が観るような番組ではなかったのだが、意外にも釘付けになっていた。番組のエッセンスはこうだ。三名ほどのホームレスに密着し、その人達の生活を追う。酒に溺れた、ギャンブルにハマった、リストラにあった、ホームレスになってしまった理由は様々。仕事がないが、生きるために、あらゆる手段で食べ物を探す。冬場は商店街の店舗のシャッター前で段ボールを使って、棺桶のような寝床を作り寒さを凌ぐ。私が没入してしまったところは、そんなホームレスの人達にも過去の栄光があったシーン。その人なりの人間模様があった。あるホームレスは、家族の話を引き合いに出した途端に赤ちゃん言葉になったり、涙をポロポロ流しながら、「家族のことは聞かんといてくれ。ワシにも家族はいた。かわいい娘がいた。娘に会いたい」と。私もそのシーンでは思わず目が潤んでしまった。このドキュメンタリーのエンディングは無縁仏のシーン。そこに、身寄りのないホームレス達の死因が記されていた。〝餓死〟、〝凍死〟、〝衰弱死〟……。

我々が普段あまり意識をすることのない、そんな都会に実在した知られざる物語を垣間見たことに、とても大きな意味を感じた。私も、世の中にある、知られざる、でも知るべきことを探して、テレビという放送網を使って世間に届けよう、気づきを与えよう。そう思ったことがテレビ局を志望していたきっかけだった。

だが、私は全滅した。いくつかのテレビ局で二次面接までいくことはできたが、三次面接まで進むことはなかった。受験戦争の経験もなく、楽勝で一応関西有名私立校だった同志社の学歴を手に入れ、ロクに読書もしない、バイトに明け暮れ、ハチロクをブイブイわせて遊び惚《ほう》けていた私にとっては当然の結果だった。面接慣れしていなかった時期というこもあり、鋭い質問にもまともに答えることができず、落ちて当然の受け答えしかできていなかった。

わかっていても相当凹んだ。何を勘違いしていたのか、自分はテレビ局で働くものだと勝手に思い込んでいたため、テレビ局の面接を全滅した時点で他に志望する業界や企業がなかったのである。

私が就職活動をしていた一九九三年は、実はバブル景気崩壊後の「就職難」突入の一年目だった。一年上の先輩までは大量採用時代で、先輩達は数社の内定をもらい、そこから一社を選ぶといった、いわゆる売り手市場だったが、私の就職活動の時期に入った途端に、企業は新卒採用を一気に絞り、就職活動事情は一転、買い手市場に様変わりした。

例えば、私が今勤めているパナソニックであるが、当時の会社名は松下電器産業株式会社。例年二千人規模の採用と聞いていたが、私が入社した一九九四年の新卒は約七百人と、一気に三分の一まで絞られてしまっていた。これは当社に限らず、他の企業、他の業界、どこも似たような採用事情だった。私の次の年代の後輩達は、更にここから採用事情が冷え込み、「就職氷河期」と呼ばれ、当時の松下電器でいえば約五百人まで採用が絞られてしまい、私以降の入社者は、ロストジェネレーション世代と呼ばれている。

このような時代背景もあり、就職活動がうまくいっておらず、苦労している私を見かねて、父がコネの企業をいくつか紹介してくれた。

時期は四月半ば。私はすがる思いで飛びついた。別に金にモノを言わせて、裏口入学といった手段ではなく、ちゃんと面接を通して、評価していただいた結果、私は父が紹介してくれた企業のうち、某素材を製造するT・C株式会社（略称）から内定を頂くことができた。

焦りと不安しかなかった数カ月間を過ごしてきたこともあり、「内定」を手にした時の精神的な安定はハンパなかった。同T・C株式会社では、入社後数年間は東北にある工場で実務研修を積み、将来的には私の語学力が活かせるようにと北米の拠点への派遣までも視野に考えて下さっており、十年後くらいまでの私のキャリアプランはおおむね見通しがついていた。真摯に、私の語学力を評価頂いた配慮に対して、私は心から同社に感謝していたし、他ならぬ父にも頭が上がらなかった。内定がなく、内定が取れる見込みもなく、半泣き状態で就職活動を乗りきることすら不安だった私が、一転、十年先くらいまでうっすらイメージできる雲散霧消の状態に一変したのである。

「中原さんのパナソニック入社の決め手を教えて下さい」。当社志望の学生からはよく聞かれる質問であるが、先の文脈から繋がらないことと、本書の読者はパナソニックを志望している学生とは限らないので、この問いに対する回答は次章へ後回しにする。

働きたい会社はどうやって探すのか

では、本題に話を戻す。どうやって自分が働きたい会社を探すのか。

本書では、国外の企業は対象外とし、国内で新卒採用を受け入れている外資も含めた国内の企業及び純日本の企業とするが、その範囲だけでも会社は無数。業界も目移りするほど存在する。業界でいえば、金融、メーカー、商社、運輸、製鉄、アパレル、コンサルティング、ＩＴ、放送、通信、宣伝、インフラ、ディベロッパー、ゼネコン、不動産等々。メーカーと一口に言っても自動車、電気、食品、部品等々があり、商社ならば総合商社もあれば専門商社もある。運輸ならば航空、海運、鉄道、陸運。ＩＴでも、何らかのソフトウェアを販売している企業もあれば、ソフトウェアを開発している企業等々、あげだしたらキリがない。それこそ企業の数など数えだすと指数関数的な印象をもってしまう。企業数のカウントの仕方は諸説あるようだが、政府の白書やネットで検索して、丸めてみるとおおむね三百八十万社、法人格は約二百万社弱といったところだろう。そのうち九割以上は中小企業である。そんな中から、一体どうやって自分が働きたい会社を探したらいいのか。悩むのも当然である。

私はパナソニックの洗濯機が大好きだから。私は森永のチョコレートが大好きだから。私はトヨタの車が大好きだから。私はユニクロの服が大好きだから。とっかかりはこういうところでも全く構わないのだと思う。〝好きこそ物の上手なれ〟ということわざにもあるように、一生懸命好きでもないスポーツをやっていても上達することはないだろうし、一生懸命キライな分野の勉強をしても頭に入るわけもない。好きだから続けられるし、好きだから習得の吸収スピードが速いのと同じで、好きな商品やサービスを自分の手で手がけられるということは動機づけとなり、働く上で、あるいは成果をあげていく上で大事な要件であることに違いはない。しかし、企業との採用面談で、「御社の商品が大好きだから、御社で働きたいんです！」という動機は、決して悪いことではないものの、相手には響かない。それこそ、熱意で好きと訴えるだけで内定がもらえるのだったら、そんなに楽勝なことはない。

さすがに私が面談してきた学生達の中に、そこまで浅はかな考えの人はいなかったが、若干近いニュアンスの人がいないわけでもなかった。

感覚的に、私との面談に申し込んでくれた大学三年生、あるいは大学院一年生の学生のうち、六割は志望先業界や企業を決めており、第一志望の企業もある程度定まっている。三割はいくつかの業界をみながら、業界も企業も絞り込めずに悩んでいる。残りの一割は、業界も、企業も絞り込めておらず、右も左もわからない、何から始めていいかがわからない状態。

さすがに大学四年生は企業との面談の佳境にあり、企業選びで暗中模索というレベルの学生は少なかったが、それでも一部、四月時点でも、五月時点でも、面談に臨む企業に対しての動機が定まっていない学生もいた。私はそれぞれの学生の、それぞれの状態に合わせて話の組み立て方を考えていく。一割しかいない右も左もわからない、何から始めていいかがわからない状態の学生に対しても、「心配しないでいい。必ずあなたの悩みを解消してあげよう」とコミットし、私の責任意識を一気に高める。

就職活動の本質に迫る四つの質問

「どうやって自分が働きたい会社を探すのかがわからない」。この悩みを抱える学生全員に必ず聞く質問が四つある。

「何故、就職活動しているの？　何故、企業に勤めたいの？」

「あなたは企業に就職する。つまり社会人。社会人ってナニ？」

「会社って何をするところ？　企業ってどういう存在？」
「あなたの夢を教えて」

まず、「何故、就職活動しているの？　何故、企業に勤めたいの？」。学生達からの回答は様々であるが、傾向は似通っている。

・自分で稼いで生計を立てるため。あるいは自立するため。
・親を安心させるため。あるいは、親への恩返し。
・会社の儲けに貢献したいから。
・会社に入って、大きなことをやってみたいから。
・人を幸せにしたい。自分も幸せになりたい。
・学生の次のステップが社会人だから。企業に勤めるのが流れだから。

なるほど。では、「あなたは企業に就職する。つまり社会人。社会人ってナニ？」。

・社会の一員。
・企業で働く人。
・責任のある立場。
・自立している人。

だいたいこれらに分布する。

次に、「会社って何をするところ？　企業ってどういう存在？」。同じく、様々であるが、傾向は以下の通りである。

・利益をあげるところ、儲けるところ。
・働く場所。
・社員が協力して、何かを成し遂げるところ。
・製品やサービスを通じて人を幸せにするところ。
・自分のやりたいことができる場所。

だいたいこれらに分布する。

最後に、「あなたの夢を教えてくれる？」。こんなこと聞かれることなどあまりないのであろう。一瞬、「え？」という表情で、迷いながらもそれぞれに答えてくれる。この問いの意図するところについては後半で触れていきたい。

本書を読んでくれているあなたは、これらの四つの質問に対してどうだっただろうか？

私が学生達にこの四つの質問をすることには意味がある。そして意図がある。紐解いてみよう。

「何故、就職活動しているの？　何故、企業に勤めたいの？」。就職活動をしている学生に対して、何を今更聞くのかと思われるかもしれないが、実はこの単純明快で、就活生に対して当たり前の質問に即答できる学生は意外に少ない。

「え？」と、一瞬驚いた表情で、暫く考えた末に、先にリストしたようなことを語ってくれる。平たく言うと、自立して、生計を立てるため、稼ぐため、という回答が多いのだが、要はそれを企業に勤めて、会社という組織で実現することである。

私が面談してきた学生の中で、一人だけ警察官になりたいと相談してきてくれた学生がいたが、基本的に皆、公務員になるわけでもなく、自営をするわけでもなく、ＮＰＯ法人のような非営利団体に属するわけではなく、企業に勤めることで、自立して、生計を立てるということを目的として就職活動をしている。そこに異論は全くない。

では、次に「会社って何をするところ？　企業ってどういう存在？」。圧倒的に多い回答は「利益を生み出すところ」。そこに間違いはない。企業は営利組織であり、利益を生み出すことは企業の使命である。

一般的に、企業の定義とは、財なりサービスなりを提供することで、何かしらの価値を生み出し、便利をもたらし、売上を計上し、利益をあげ、その利益を分配する。分配先は国に対する税金、株式会社であれば株主への配当、そして自社の役員報酬や自社への投資。

利益をあげることで、利害関係者に義務を果たすと共に、自社の成長のために、ゴーイングコンサーン（継続経営）のために、自社への新しい設備の購入や研究開発などに投資をする。これが世に言う一般的な企業の定義である。しかし、これは企業の存在の本質ではない。

「企業の存在の本質ってなんだと思う？」。私から学生に聞いてみるが、ほぼ全員が悩む。モノやサービスを通じて利益を計上していて、それをしっかりと分配しているのに、それが企業の本質でなくてなんなんだ？と。でも、私が面談してきた学生の中で的確な回答ができた学生は数名いた。

企業の存在の本質とは「社会貢献」である。

よく考えてほしい。社会に貢献していない企業があったとする。その会社は一体どうなるだろうか？　潰れるのである。その理由は明白。社会の役に立たないから市場から追放され、淘汰されるのである。これは市場原理そのものであり、至極当たり前の理屈なのである。つまり、逆に、今の世の中に存在している企業は、何らかの形で社会的価値を生み出している存在ということになる。自社のモノやサービスを通じて、社会の課題に向き合い、社会の役に立っているのである。即ち社会に貢献しているのである。

企業は必ず、その企業なりの社会的な使命をもっている。それを実現するために、モノやサービスを通じて社会に価値をもたらし、社会に貢献しているのである。これが企業の存在の本質なのである。

社会の課題に向き合い、社会の課題を解決し、社会に貢献する。だから売上があがるのである。

社会の課題に向き合い、社会の課題を解決し、社会に貢献する。だから従業員を雇っているのである。

社会の課題に向き合い、社会の課題を解決し、社会に貢献した結果が利益である。

利益は結果であり、目的ではない。目標であってもよいが、目的にしてはいけない。利益を目的にしている企業など先は長くない。

「何のために、何を？」、就職活動において、ここを捉えることは極めて大切な視点である。企業はモノやサービスを通じて、Ｂ２Ｃであれば消費者に、Ｂ２Ｂであれば法人に、何らかのメリットを提供している。そこを捉えている学生は多い。しかし、私がここで伝えたいポイントはその先である。社会である。

企業はそれらの活動を通じて社会的な影響を与えている。社会を豊かにするために、社会の課題を解決するために、持続的な社会の実現のために、事業を通じてそれらに向き合い、尽力し、そして貢献しているのである。

社会に関心をもつ、社会の課題に問題意識をもつ

「社会の課題と聞いたら、何を思い浮かべる？」と学生達に聞いてみる。そうすると、それぞれに語ってくれる。高齢化社会問題、地域格差・地方創生、気候変動問題等々。続いて私からも、原発エネルギー問題、フードロス問題、世界に目を向けると、資源枯渇、食料危機、貧困問題、人口爆発、飢餓、人種差別、地球環境問題、教育格差、水の問題等々を付け加えるが、あげだしたらキリがないくらい、世の中は社会問題だらけなのである。

ここではあげきれていないが、企業の活動は何らかの形で必ずこれらのうちのどれかの社会課題、あるいはいくつかの社会課題に精通している。例えば、私が勤めているパナソニックという会社について少し触れてみよう。

言わずと知れた、当社は電機メーカーであり、ほとんどの学生からは家電の会社と認知されている。

少しだけ補足をしておくと、当社の二〇二一年度売上は全体で約七兆四千億円。そのうち、くらし事業全体で約三兆六千五百億円、二〇二〇年度の決算を参照すると、家電分野の売上は約二兆五千億円。つまり、当社の家電以外の事業の規模は家電より実際は大きいのである。

その電機メーカーである当社は、二〇二一年六月の株主総会で社長が交代した。新社長に就任したのは楠見《くすみ》雄規《ゆうき》さん。実は私は社内で事業部や職能を転々としてきた中で、仕事やプロジェクトなどを通じて楠見さんとは幾度となく関わってきた。この人は社長になるだろうなと思っていたら本当になった人、それくらいキレキレの人だった。二〇二二年度からはパナソニック ホールディングス株式会社の代表取締役グループＣＥＯに就任した。

その楠見さんの昨年二〇二一年六月の株主総会の発言の中にとても響くフレーズがあった。「パナソニックという会社を、地球環境問題において圧倒的な存在の会社にします」、こう宣言したのである。

電機メーカー、ややもすると一般的には家電メーカーという印象の強い企業の社長が「地球環境問題において圧倒的な存在」を目指す？　それって一体どういうこと？と思われるかもしれないが、実は全くもって筋が通る話なのである。

当社は単にエアコン、冷蔵庫、洗濯機、テレビのような家電を作って、人々のくらしの豊かさを追求していく領域に留まらず、これからの世界の資源枯渇を踏まえて、いかに使用する資源を少なく、無駄なくそれらの商品づくりができるのか、どのようにしたらリサイクルできるのか、リユースできるのか、電機メーカーとして事業を営んでいきながらも、そのような課題についても向き合っていかなくてはならない社会的な使命がある。また、当社は世界中に製造工場を有している。そこでは日々大量のCO_2を排出しているが、いかにしてそれら工場からのCO_2の排出を最小化し、カーボンニュートラルな社会に貢献していけるか。電機メーカーとして、モノづくりを通じて、人々のくらしを豊かにするというミッションと、喫緊の地球環境問題に対する当社の取り組みを両立すると堂々宣言したのである。

私は学生達に必ず言っている。その企業の理念、ビジョン、方針を捉えること。企業選びに悩んでいる学生達は、企業が提供している商品やサービスだけに留めず、是非企業の理念、ビジョン、方針に目を向けて、商品やサービスの先にある、社会という視点で企業に関心を抱いてほしい。企業のホームページや就職活動用パンフレットを見れば、必ずどの企業も書いている。その企業がどのような社会の実現を目指しているのか、どのような社会課題に向き合っているのか、そして、それらの社会の実現や社会の課題に対するソリューションを、その企業の商品やサービスを通じて提供していることを必ず謳《うた》っているはずである。

社会人ってナニ？

ここで前の問いに戻ってみる。「あなたは企業に就職する。つまり社会人。社会人ってナニ？」。

鋭い人は、何故私がこの質問をしたか、既に捉えてくれたと思う。社会人とは、企業に勤めて（もちろん、公務員のような立場の方々も含めて）社会貢献の場で活躍する人なのである。その企業に勤めて、その企業の商品やサービスを通じて、社会に貢献することであり、あなたはその活動に参画するということなのである。それが社会人なのである。つまり、とても責任のある立場になることは間違いないし、自立していなくてはならない。自らが社会の課題を捉え、それらを何らかの事業を通じて解決する立場になるのである。「企業の利益のために」、「自分の給料のために」、そのような考え方は決して間違いではないが本質ではない。企業の存在の本質とは、事業を通じて社会貢献に尽力していくことで、結果として利益を得、信頼を積み上げ、繁栄していく。そのような大きな活動の一端を担うのがあなたであり、だから、その尽力した報酬として給料をもらえるのである。

改めて言う。あなたは社会貢献するために就職するのである。そのために企業に勤めるのである。これはとても大切な考え方である。

こんな偉そうなことを語っている著者の私であるが、私が学生時代に、私の就活の最中にこんなことを考えていたか、穴があったら入りたいくらいである。私が面談してきた学生達に恥ずかしいくらいの稚拙な志望動機だった。だが、伊達に二十八年間も社会人をやっていない。四半世紀以上も企業に勤めてきたことで、その中でもパナソニックという企業に勤めてきたことで、様々な仕事を通じて経験を積み、その間結婚もして、二人の子供にも恵まれて、考え方が積み上げられ、いつしか私の中でこのような価値観になっていったわけで、だから今の学生達には当時の私のようにではなく、企業の存在の本質を捉えて、自分が最も活躍できる場所を探してほしいし、自分が活躍したい場所を見つけてほしいし、自分が成すべきことを目的化して、就職活動に臨んでほしいという志をもっている。

社会に課題意識をもち、社会を豊かにしたいと思える学生が、私の話で〝一人でも多く〟、そのような志で就職活動に臨んでくれることは、それはそれで私にとっての社会貢献ボランティアであり、私のモチベーションを奮い立たせている要因のひとつになっている。結果的に楽勝な学歴を積み上げて、苦労もせず、パナソニックに採用してもらった学生当時の私自身を、反面教師として語っているのである。

さて、「社会の課題を捉える」、「社会の課題に向き合う」、それが、自分が働きたい企業選びの起点。このような話をすると、学生達は「ハッ！」と何かに気づいたような表情で私を見てくれる。私との面談まで就職活動に対して不安で、自分が働きたい企業の探し方がわからなかった学生達は、突然目を輝かせて「なるほど、そういうことなのか！」と気づいてくれる。一気に悩みが解消されたように思えるのだが、いきなり社会課題を捉えるといっても、どうしたらいいのか、どう考えたらいいのか、何をしていったらいいのかわからない。

まだ学生達の悩みは残る。そこに対して私なりのアドバイスは続く。

一人ではできない。だから企業が存在する

社会に対して「関心をもつこと」、「問題意識をもつこと」、ここにつきる。

読者の学生諸君も、朝起きたらスマホに目を通し、ネットのニュースが流れてきたり、人によっては新聞に目を通したり、食卓につくとテレビがついていて、朝のニュースをやっていたり、ゴールデンタイムには池上彰の何らかのトピックの解説を聞いたり、夜のニュースを観たりと、日本や世界で起きていることに、必ずあなたは毎日触れているはずである。それらのニュースやトピックは何気なく目に入るし、耳にも入ってくる。でも、大方読み流しているし、聞き流しているのではないだろうか。この時点でそのニュースはあなたにとって〝他人事《ごと》〟なのである。自分はあまり深く関心をもっておらず、「そうか、

そういうことがあるのか、誰かがなんとかしてくれる、誰かがなんとかしてくれている」、極端にいうと、そういうことではないだろうか。

一方、そんな日本や世界で起きているニュースなりトピックなりについて、あなた自身が「そんな問題が日本で、あるいは世界で起きているのか、それではいけない、なんとか解決したい、そんな問題を無くしていきたい、自分ならこうあるべきだと考える」と思いを巡らせた途端に、その問題は〝自分事《ごと》〟になるのである。「私はそれが問題だと思う、私はそれを解決したい」、つまり、社会に対する問題意識を抱き、自らそれを解決したいと、自分自身が考えるようになるのである。

社会に対して関心をもつこと、そして問題意識をもつこと、その問題に対して自分自身が向き合い、解決してみたいと考えること、私はこれが社会人になる上での第一歩だと考えている。それを自らが捉え、考えていくことで、その問題は自分事となり、自分の言葉で表現され、自分の行動に繋がる。自分自身で問題意識をもち、自分自身の言葉にしていくことで、あなたの考え方はトガり、あなたの考えに深みや説得力が出てくるのである。面接の場に出た時に、表面的にニュースや新聞の見出しをあげて語ったところで相手には刺さらない。あなたが本気でその問題を捉え、自分の言葉で語れた時に、重みと深みが感じられ、相手（面接官）の琴線に触れ、突き刺さるのである。

社会に対して問題意識をもち、それを解決してみたい、社会を変えてみたい、そこまで辿り着いて、そう思ったところで、たった一人で立ち向かい、解決することは簡単なことではないし、実際はなかなか一人ではできない。だから企業が存在するのである。

企業は「人・モノ・カネ・情報」という経営資源を有する。それら経営資源をふんだんに使って、自らの商品やサービスを通じて、顧客の課題解決、顧客満足を追求しながら、そういったあらゆる社会の課題に向き合って事業を営んでいるのである。そこに、あなたは自分の身を置くのである。それが社会人なのである。

ＳＤＧｓは今後のキーワード

就職活動の実践に際して、社会の課題を捉えるに当たり、もうひとつ学生諸君が注目すべきキーワードを紹介しておきたい。ＳＤＧｓである。

私が面談してきた学生達の中でもＳＤＧｓに関わる学習をしている学生達が多くいた。経済学、経営学、社会学、人文学、国際学部のような学問の分野で、研究のテーマにとりあげられており、多くの学生達がＳＤＧｓについて関心を寄せていた。

ＳＤＧｓとはSustainable Development Goalsの略で、日本語では「持続可能な開発目標」と訳される。詳しくは多くの書籍が出版されているのでそちらを参照頂きたいが、簡潔にまとめると二〇一五年に国連総会で全加盟国が合意し、二〇三〇年までに持続可能な社会の実現に向けて掲げた17の目標と１６９のターゲットである。そこに掲げてある17の目標とは、見事に世界の課題の全てを包含しているといっても過言ではない。

一．貧困をなくそう
二．飢餓をゼロに
三．すべての人に健康と福祉を
四．質の高い教育をみんなに
五．ジェンダー平等を実現しよう
六．安全な水とトイレを世界中に
七．エネルギーをみんなに、そしてクリーンに

八．働きがいも、経済成長も
九．産業と技術革新の基盤をつくろう
十．人や国の不平等をなくそう
十一．住み続けられるまちづくりを
十二．つくる責任、つかう責任
十三．気候変動に具体的な対策を
十四．海の豊かさを守ろう
十五．陸の豊かさも守ろう
十六．平和と公正をすべての人に
十七．パートナーシップで目標を達成しよう

どうだろう。ほぼあなたが感じる社会課題の全てが、これらの目標の中に網羅されているのではないだろうか。

私は、今後ＳＤＧｓは企業の事業活動において重要なキーワードになると思っている。

ゆえに、関心があり、いくつかの書籍を読んだ。その活動の目的は壮大で素晴らしい。
ＳＤＧｓの目的は「人類の貧困の撲滅」にある。だから目標の一つ目に「貧困をなくそう」とあることが頷ける。

世界の人口はおよそ七十億人。うち、約11%の七億人は極度の貧困状態にあり、一日当たり一ドル九十セント以下で生活をしている。生きるか、死ぬか、そんな極限状態にある。日本の相対的貧困は、年収約二百万円未満と言われており、確かに日本のような豊かな国で年収二百万円では、安心して生活を送ることは難しいかもしれない。でも、食いつないでいくことは可能かもしれない。今日の食事も得られるかわからない人達が、今世界に七億人もいることを知り、私はとても胸が打たれた。

ＳＤＧｓでは、そのような貧困を人類からなくすために、17のゴールを設定したのであり、〝私の〟日々の活動もそこに繋がっていなくてはならない。そのように感じるようになった。だから、地球環境問題に対しても関心が芽生えたし、節電、食料廃棄ロスの根絶、ゴミの分別、リサイクル等々、一つひとつ〝私が〟できることはやっていこうという気持ちになれた。

ＳＤＧｓでは二〇三〇年までに、それら17の目標を達成し、人類からの貧困の撲滅を成し遂げるために、「世界中の誰一人取り残さない社会の実現」を目指している。今の企業の多くの活動は、このＳＤＧｓに何らかの形で精通している。つまり、企業の力で、この壮大な目標に向けて、人類が抱えている課題に立ち向かっていることに他ならない。今、私はその一員として、そのような意識で自身の仕事の役割を担っている。是非、企業に勤めたいと考える学生諸君にも、同じような志をもって社会人になり、それぞれの領域で活躍して頂ければ、社会人の先輩として、社会人の仲間として、心強く思うし、社会のために共に切磋琢磨していけたらこの上ない喜びである。

「中原さんのパナソニック入社の決め手を教えて下さい」

さて、先の節で触れた「中原さんのパナソニック入社の決め手を教えてください」という問いに戻る。先の節では、私は就職活動中にコネで他の会社の内定をもらっていたと綴っている。では、何故、今パナソニックで働いているのかという疑問が残る。本書ではパナソニック志望の学生もいるかもしれないので、参考までに少々語っておきたい。

私の記憶では就職活動も佳境を越えた終盤戦の五月に差しかかっていた時期。既に内定を頂いているＴ・Ｃ株式会社にいく心づもりにしていたので、就職活動は私の中ではほぼ終わっていた。そんな矢先、ファースト・エントリーシート（今でいうＥＳ）を提出していたパナソニック（当時の会社名は松下電器産業株式会社）から、面談の日時の案内が来た。

学生時分の私の理解は、「世界の松下」、「世界のパナソニック」、「日本を代表する大企業」。しかも、電機メーカーとあって技術職の採用が多いこともあり、私なんかが受かるはずはないというのが、面談日時の案内を受けた時の第一印象だった。だが、折角のオファーだったので、面接を受けることにして、当時の一次リクルーター面接官で人事のＨ・Ａ氏との面談に臨んだ。

突然のパナソニックとの面接ということもあり、明確な志望動機のなかった私は、そこから電機業界の動向などをそれなりに調べていき、それなりの志望動機にしていった（※こんな私の当時の考えは絶対に参考にしないでほしいということを付け加えておく）。

一九九三年と言えば、携帯電話が一般消費者に出回り始めた頃である。その携帯電話とはあなたが今イメージしているものとは遥かに異なる。皆さんの自宅にあるテレビのリモコンを四つくらい重ねたくらいのサイズ感で、ジーンズのポケットに入れられるようなものでもなく、それでも携帯電話をもつことはステータスだった。「え？　携帯電話もってるの？　スゴイ！」。そんな時代である。今後、その携帯電話の小型化が進み、世の中の通信事情が大きく変わろうとしていたことくらいは私でもわかっていた。パナソニックには当時、松下通信工業（株）という東証一部上場の独立した連結グループ会社があり、携帯電話によるモバイル通話社会の到来の要として、注目をされていた事業会社であった。そのようなこともあり、私は「パナソニックの通信事業の領域で、パナソニックの携帯電話を売る仕事に従事したい」といった安直な志望動機で面接に臨んだのである。パナソニック以外の電機メーカーには応募していなかったので、私の業界に対する詳しい知識はほぼ皆無だった。

　そんな背景で臨んだＨ・Ａ氏との一次面接であるが、場所は大阪市内の喫茶店。既に別の会社に内定もあり、世界のパナソニックに受かるとも思っていなかった私は、ゆえに失うものもなく、今までの面接仕様の私ではなく、素の中原として、言いたいことを言いまくった。実はそれがＨ・Ａ氏に突き刺さった。

もちろん、この当時の私に「社会貢献」のような崇高な、企業の存在の本質を捉えた考え方などなく、やんちゃでもトガった自己ＰＲ、ユニークな海外経験、独特な考え方や価値観、そして先に触れた安直な志望動機ではあったものの、オブラートに包むことなく、我が身を曝け出した。そんな私をＨ・Ａ氏は心底気に入ってくれて、高評価で私を推薦して上げていってくれたのである。

五月の中旬といえば、私は選考の中では後半組で、実はとても不利な位置づけにあったが、Ｈ・Ａ氏の特急推薦で、あれよあれよのうちに最終幹部面接まで到達してしまったのである。

ちなみに、このＨ・Ａ氏は三十代後半で当社を去り、今はドイツ系外資企業の日本市場を含めたアジア地域の代表取締役になっているが、私の恩師として、また当時と変わらず信頼のおける先輩として、今でも交流している。

私の中では全くの想定外であった本社での幹部との最終面接。いろいろと質疑があった中で、私が得た情報の浅はかさや、私が「日経新聞」も読まないような学生であることは完全に見透かされていた。この面接で私はとんでもない発言をしており、それは今でも覚えている。

幹部面接官‥

「中原くんは、これから通信事業に関わりたいとあるが、これから通信事業がどのように変化していくのかは未知であり、当社がそこで勝ち残っていけるとも限らない。それについてはどう思う？」

　この時、私は考えもせず咄嗟《とっさ》に返した。

私‥

「私が変えます！　御社が、御社の携帯電話が売れないかもしれないとおっしゃるのでしたら、私が私の背中に大きな籠《かご》を背負って、その中にパナソニックの携帯電話を敷き詰めて、私が世界中を歩いてでも売って回ります！」

　この回答に、面接官はとても驚いた様子だったが、表情から好印象であったことはうっすら窺《うかが》えた。

最終面接を終え、この時点ではせっかく最終面接までいけたのだから、「受かっていたらいいな」程度の気持ちだったと振り返るが、その結果はまさかの内々定である。

私が松下電器産業株式会社（現パナソニック）に入社を決めた理由は三つある。

一、この会社は私の個性を認めてくれたから。

二、世界の松下、世界のパナソニックだったから。それを本社技術館で目の当たりにしたから。

三、松下幸之助が作った会社だから。

まず、一点目の「この会社は私の個性を認めてくれたから」については、先述の通りである。包み隠さず、私は私自身を曝け出して面接に臨んでおり、そこには一切嘘がなかった。自分を偽ることがなかった。この会社は、その私を、私の個性を買ってくれたのだと思えたことに私は心底嬉しかったからである。この会社では、ありのままの自分でいいのだ、そう思えたことが私の中では極めて大きな決め手であった。

二点目の「世界の松下、世界のパナソニックだったから。それを本社技術館で目の当たりにしたから」であるが、当時、パナソニックの人事は内々定者を大阪守口市の本社敷地内にある技術館・ショールームに案内してくれていた。記憶が定かであれば数階建てのビルで、まずは一階にある創業当初、一九二〇年の画期的商品「二股ソケット」から、パナソニックの商品の歴史を辿り、階段を上っていくと最後は最先端のテレビや家電群が並ぶフロアまで案内された。

解説付きでグローバルに活躍するパナソニックの商品力や技術力を目の当たりにしたことで、弱冠二十三歳だった私は、「さすが世界の松下！　世界のパナソニック！　やはり最終的に生き残るのはメーカーだ。ここで俺は世界を舞台に活躍ができる！」と心を奪われてしまったのである。

三点目は「松下幸之助が作った会社だから」である。一九八九年に松下幸之助が死去したニュースを見た当時の私は高校二年生。日本を代表する企業の経営者が惜しくも亡くなったことは、弱冠十八歳の高校生であった私ですらショックなニュースであった。学校からの帰り道の通学路で、「松下幸之助が亡くなってしまったな。残念やな」と友人達と話をしたことも覚えている。

内々定を頂いた一九九三年当時の私に、松下幸之助がどんな人物であったかなどは知る由もなかったが、「経営の神」と異名をとる、世界に誇れる日本の経営者が作った会社であったことは、今後百年という単位で考えた時に、絶対に間違いのない会社だということを確信したから、だからそこに自分の身を置くことに迷いは生じなかった。

経営の神に魅せられて

私は当社の創業者である松下幸之助について語れるほどの身分ではないが、一九九四年にパナソニックに入社して以来二十八年間、当社の事業に関わりながら、松下幸之助の経営に対する考え方、即ち経営理念を体し、社会人として、企業人としての自身の考え方を培っていった。パナソニックが掲げる綱領、信条、七精神、そして数ある松下幸之助の名言である「企業は社会の公器」、「水道哲学」、「事業は人なり」、「モノをつくる前に人をつくる」、「衆知を集めた全員経営」の意味は、自身が仕事を全うする上で、即ち「社員稼業」を全うする上で、また正しい道を歩んでいく上での羅針盤となっており、長年この会社に勤めてきたことで自身の中に浸透していったのである。

当社には、この経営理念が揺るぎなく引き継がれており、パナソニックという会社の価値観そのものとして今でも脈々と生きている。ここまで本書を読んでくれた学生諸君は感じ取ってもらえたかもしれないが、何を隠そう、私が学生達に語ってきている、「企業は何故存在しているのか」、「社会人とはナニか」、「何故就職するのか」、「あなたの夢は」、そこから捉える「就職活動の本質」というテーマは、私がパナソニックという会社で培ってきた考え方の一端を述べているということに他ならない。

私のもとへ相談にきてくれる学生は、必ずしもパナソニック志望の学生とは限らない。むしろ、志望企業を絞り込んでいる過程にある年末から三月くらいまでの間の学生のうち、パナソニック志望の学生は一割程度。従って、私は決して当社への志望を勧めるようなことはしておらず、学生達それぞれの、思い思いの企業の面接に臨んでもらえたらいいと思うし、そこで活躍してもらえたらと思う。ただ、その活躍する企業という舞台で、抱いておくべき志や心構えは普遍的なものであり、社会という軸で捉えておいてもらえることを願っている。〝一人でも多くの学生〟が、そのような志や心構えで、社会で活躍してくれたらどんなに豊かな社会になるだろう、そう思えてならないのである。だから私は、このような就活相談ボランティアを続けられるのである。

就職活動の本質

前の節で、「何故、就職活動しているの？　何故、企業に勤めたいの？」、「あなたは企業に就職する。つまり社会人。社会人ってナニ？」、「会社って何をするところ？　企業ってどういう存在？」について、少々寄り道をしながらも整理をしてきた。

少し間が空いてしまったが、最後に「あなたの夢を教えて」について触れておきたい。

まず、結論から言う。就職活動はあなたの夢から始まる。就職活動の起点はあなたの夢にある。

「あなたの夢を教えてくれる？」、こう聞くと、改めて学生達は以下のような思い思いの夢を語ってくれる。

・美人、あるいはかっこいい人と結婚して家庭をつくること。大きい家に住んで、子供は二人。
・お金持ちになりたい。
・今まで育ててくれた親に、感謝の気持ちを込めて親孝行したい。親を安心させたい。
・自分の名前が残るような、大きな仕事をしてみたい。
・企業で経験を積み、いずれ起業したい。
・希望の会社に勤めて海外で活躍したい。
・人々の笑顔をつくりたい。人々を幸せにしたい。

前の節でも触れたように、それぞれに様々な夢があり、一概にこれらの例に集約はされないが、おおむねこのような回答が多かった印象である。私が聞いてきた学生達それぞれの夢には、それぞれの思いがあり、それぞれがとても魅力的で、どれ一つとして違和感なく素敵な夢だと思う。あなた個人として、今この瞬間なりたい自分、ありたい自分というのはもっておいたらいい。でも、これから先の人生で、きっとあなたの夢は変化していく。今の夢が更に磨かれることもあるだろうし、別の夢に魅了されて、そちらに気持ちがシフトしていくようなこともあるかもしれない。それはそれでいい。日々の新しい発見から磨いていけばいいいと思う。一つでなくてもいいいと思う。二つでも三つでも、そこに自分の思いがあるのならば遠慮することなく欲張ってもいいいと思う。ただ、ここではその個人としての夢は一旦ポケットに大事にしまっておこう。

あなたは、これから社会人になるために就職活動をしている。ここまで、企業の存在の本質と、社会貢献について語ってきた。社会人とは、社会貢献という本質的な目的を全うする企業の事業活動に身を置き、自らが社会貢献の一員となることだと伝えてきた。つまり、とても大きな責任と義務を担うことになる。責任とは社会人としての社会貢献。義務とは、文字通り国民の三大義務、勤労、納税、教育である。社会貢献のために仕事に従事し、それぞれの分野で勤労し、自国社会のために納税し、好きな人と結婚するかもしれないし、自身が親になってもならなくても、子供達に教育の機会を与えていかなくてはならない。自分のためだけでなく、これから先の国のため、社会のために。だから、これからあなたが就職活動に臨むに当たり、社会人になるという責任意識を胸に、社会貢献軸、社会課題解決という軸で一つ夢をもって頂きたい。それも〝大きな〟夢を。

今までも、今でも、社会は問題だらけである。たくさんの課題を抱えている。それは前節でも語ってきた通りであるが、その中で自分自身が、自分事と捉えて向き合っていきたい社会課題、自分が解決していきたい社会課題を夢にもってみよう。そして、それを自分の言葉で語れるようにしてみよう。それは就職活動において、本質的で、とても大切な心がけであり、志でもあり、核心なのである。何故か。そこにはあなたが企業で働くことの本質が込められることになる。つまり、あなたが働くことの意義を持つ、志望動機そのものなのである。では、紐解いていこう。

「地球環境問題は、今人類に課せられた最大の課題。その大きな要因であるCO_2排出による地球温暖化問題において、世界のカーボンニュートラルを実現し、将来の子供達に住みやすい世界を作りたい」。自分事で捉え、考え抜いた末に、このような夢に辿り着いたとする。そのような理想の社会の実現を目指した企業は溢れるほど存在する。それに対して、モノづくりで、部品で、インフラで、建設業で、不動産事業で、研究開発で、他多数といったようなそれぞれの事業領域を通じて貢献している。

先の節で述べたように、企業の理念やビジョンや方針に大きな考え方として、社会軸での目的が掲げられていることを思い出してほしい。あなたが本気でそのような壮大な夢をもち、それを自分の言葉で発言することには大きな意味がある。そしてそれを否定できる人はこの世にいない。何故か。それは〝あなたの〟夢だからである。あなたの「将来の子供達に住みやすい世界を作りたい」に対して、「すごい夢だけど、ちょっと大きすぎない？　無理じゃない？」なんて、もしも面接官に言われたとしても、思われたとしても、そんな筋合いはそもそもないのである。あなたがどう思おうが、どうしていきたいかはあなた自身の考えなので、そこに間違いはないのである。できないと思ったらできない。でも、できると思ったらできるかもしれない。どんなに大きな夢でも誰にも咎《とが》められることなどない。だから、大きな夢をもったらいい。その代わり、その発言をするからには自分で責任をもたなくてはならない。つまり、自分事で捉え、自分で考え抜いた末に辿り着いた夢を、自分の言葉で語れていれば、その夢に対してあなたは責任のある発言をしていることになり、誰にも咎められる必要もない、とても魅力的で説得力のある話になるのである。

あなたはその夢を実現するために勤めたい企業の面接に来た。その事業を通じて自身の夢を叶えるために、その事業に参画することで社会に貢献していきたい、だからその企業で働きたい、即ち「御社で働きたい」ということに結ばれる。これが本書で最も伝えたい「就職活動の本質」なのである。

多くの学生達はガクチカや自己ＰＲに囚われ、自分が学生時代に力を入れてきたことを企業の志望動機に結びつけている。それは決して間違いではない。自分の強みや能力を企業の事業活動の中で活かしていきたいという考えや思いがあることも、大切な企業選びの要素のひとつである。しかし、それはあなたができることは何か、強みは何かを示す要素であって、就職活動の本質ではないと私は考えている。就職活動の起点はあなたの夢にあり、その目的を果たすために社会に出ていき、社会的責任を果たしていくというところにあるのではないだろうか。

課題意識と目的意識が明確であれば、あなたが果たすべきビジョンと共に、あなたが働きたい場所、やりたいこと、解決したいこと、即ちやるべきことが自ずと明確になる。現在までに、およそ三百名の学生達と面談してきたが、私が語る「就職活動の本質」に対して疑問を抱く様子の学生はいなかった。皆、「なるほど、そういうことだったのか。企業の存在とはそういうものだったのか。改めて自分の夢が大切なことがわかった。社会に対して問題意識をもつことが社会人の第一歩だったのか。今からでも遅くない。社会に存在する問題について自分事で捉えて考えてみよう」、目を輝かせながらそう言ってくれる。

先の事例では「地球環境」という問題を捉えたが、どんな問題でも繋がる。地域格差の問題解決、高齢化社会の問題解決、社会に不安を抱える若者ニートの問題解決、エネルギー問題解決、食料危機の問題解決、廃棄ロス問題解決、平和という軸でもいい。要は、あなたが、それらの課題に対して自分自身で問題意識をもち、課題の本質に迫り、自らがそれを解決したいと思うこと、それをどのような事業を通じて解決したいのかということを自分事で捉えることができれば、必ずそこに精通した企業や事業内容が見つかるはずである。そこが、あなたが社会人として活躍するべき舞台であり、そこで活躍するにあたって、自分がどのように活躍していけるのかの強み、能力、考え方、価値観を、拘り抜いて、魅力的に磨き上げて発信するのが自己ＰＲなのである。

魅力的で夢に満ち溢れた明確な志望動機と、唯一無二の、Only One の魅力的な自己ＰＲを磨き上げること、この二つで面接の八割は決まる。私はそう確信している。

夢が大事

夢に満ち溢れた人の話を聞くと好感を覚えないだろうか。私は学生達に次のようなたとえ話をしている。

仮にあなたの友人が就職活動をしていなかったとする。理由を聞いてみると、「俺な、実は大学時代にバイトで百万円貯金ができてんけどな、その百万円を自己資金にして、東大阪の国道沿いの小さな店舗からでいいから、たこ焼き屋やろかなと思ってんねん。その小さいたこ焼き屋で、もし成功できたらミナミの道頓堀に出店してみたいねん。でもな、俺の夢はそこではなくて、ミナミで成功できたら全国チェーン展開して、俺のたこ焼きがなかったら日本は始まらないくらいのたこ焼き屋に育てていきたいねん」（関西弁にすると読みにくかったかもしれないが、どうしても私の頭の中では関西弁のシナリオにならざるを得なかったのでご容赦頂きたい）。

このような話を聞いた時、読者の皆さんはどう思うだろうか。「そんな、たこ焼きで日本一とか、無理無理無理！」、「現実はもっと厳しい」、「そんなことより、ちゃんと就職した方がいい」、なんて思うだろうか。

この架空の人物の夢は、自分でコツコツ貯めた百万円という自己資金を投じて、日本一のたこ焼き屋にしたいという壮大な夢である。百万円の自己資金から日本一までを視野に入れた壮大なチャレンジなのである。素敵な夢だ、応援したい、頑張ってほしい、是非成功してほしい、そのように思わないだろうか。面接官も同じなのである。魅力的な夢を語って、共感しない人などいない。あなたの思いが込められて、それを実現したいという気持ちがあり、それを自分の言葉で、本心で、本気で語ることができれば、それはとても魅力的で、きっと面接官の心に突き刺さり、きっとあなたに対して好意的な印象を抱くはずである。

できないと思ったらできない。でも、できると思ったらできるかもしれないのである。だから、叶うか叶わないかではなく、叶うという夢をもつことは大切なのである。それが叶う、実現できる、そう思って人生を生きていったら、どんなにわくわく楽しい毎日になるだろう。そう思わないだろうか？

私がここまで夢に拘って語っているのには他にも理由がある。未知の領域だから。そしてその夢の磨き方は無限にあるからである。先に、できないと思ったらできない、できると思えばできるかもしれないと語った。これは未来に対しての提言である。

学生達は自己分析を通じてガクチカや自己PRを作り上げていく。その練り上げ方、磨き方については前章で伝えてきた通りであるが、それは全てあなたの過去の事実がベースになっている、というよりも、そうでなくてはならない。その中から、自分だけのOnly Oneのエピソードを拘り抜いて磨き上げていくのであるが、表現の仕方は変わっても全て事実なので捏造してはならない。端的に言うと、あなたの過去の事実を磨き上げるという行為に他ならない。

しかし、夢は違う。そこには事実が存在しない。つまり、あなたはあなたが好きなように、それこそ無限の方法で思い描き、磨き上げることができる。どのように魅力的に磨き上げられるかはあなた次第であるが、真っ白なキャンバスに好きな色を使って、好きな筆を使って、思うがまま自分の夢を描いたらいいのである。それはあなたの特権であり、他の誰とも一致することのない、叶うと思えば叶うかもしれない未知のゴールなのである。面接対策という意味合いに留めず、是非本心で描いてほしい。

まとめ：志望動機の考え方

ここで志望動機の考え方をまとめると以下の通り。

一、企業の存在の本質的な意義は社会貢献であることを捉える。
二、社会人とは、企業の事業活動を通じて社会貢献する立場であることを自覚する。
三、社会に関心をもつ。社会の課題に対して問題意識をもつ。そして、自分事で捉える。
四、自分が向き合っていくべき社会課題にフォーカスして〝考える〟。
五、フォーカスした社会課題に対して、自分はどういう社会を実現したいのか、自分事で〝考える〟。
六、社会人になる責任意識を胸に、自分が実現したい社会を、自分の夢に昇華させる。
七、企業の理念、ビジョン、方針を捉え、自分の夢と照らし合わせて、価値観の一致を確認する。
八、自分の夢と企業の事業活動、即ち社会貢献活動を結びつける。
九、夢に満ち溢れた、社会課題を軸にした志望動機に、磨き上げた自己ＰＲをぶつけてトドメを刺す。

この内容を一通り、じっくりと、一人ひとりの学生に話しているので、私の面談は三十分や一時間では収まらず、学生達の迷いや悩みを解決する上での私の拘りとして、おおむね一時間半から二時間を費やしている。

職能よりも目的意識

営業なのか、マーケティングなのか、商品企画なのか、技術・開発なのか、研究職なのか、購買なのか、人事なのか、経理なのか。企業の中には多くの職能が存在する。それこそ自分が好きなことをやって、自分の性格や強みをベースに希望したらいいし、チャレンジしたらいい。例えば技術開発や経理など、一部それなりの専門知識が問われる職能もあるが、自分がやってみたいことを素直に希望したらいいのだと思う。

営業ならば、法人顧客や消費者顧客から注文をとり、在庫水準、仕入タイミングをみながら計画的に売上をあげるのが仕事。

マーケティングは仮説を基に市場の動向や顧客の動向を調査し、分析して仮説を検証し、マーケティング施策を考えて実行に移すのが仕事。

商品企画は、ややマーケティングと被るところはあるが、市場や顧客の課題や不満を捉え、あるいは要望に応えるために、次期の新しい価値をもたらす商品の企画を立案し、事業収支に責任をもって新しい商品を世に届ける仕事。

技術・開発であれば、企画立案された商品の納期、高品質、計画収支を守りながら設計し、試作品開発を通じて最終製品に仕上げる仕事。

研究職であれば、先のトレンドを見据え、新たな要素技術を開発し、商品化に結びつけられるような価値を生み出す仕事。

購買であれば、商品の高い品質や計画収支が得られるように、納期やコストを守りながら高い品質の部品や材料を調達する仕事。

人事であれば、会社の労務全般、人財の適材適所を重んじた、文字通り人事を行い、人的資源を最も効率的に、効果的に、円滑に配置する仕事。

経理は企業の事業成績を財務諸表にまとめあげ、経営数字の中から顕在的・潜在的経営課題を炙り出し、経営改善策を提言し、経営を正しい方向に導く仕事。

これらはごく一部であるが、それぞれに役割は異なるものの、全ての職能の活動はその企業の理念、ビジョン、方針、年度毎の事業計画に結びついており、端的に言うと、どの職能も広義の意味での目的はひとつなのである。

「経営はひとつ」。かなり昔になるが、私が慕っていた上司が教えてくれた言葉である。社内の職能のそれぞれに目標数値などが存在するが、それはつまり、その企業が掲げている理念、ビジョン、方針、年度毎の事業計画に繋がっているものであり、どの職能で働いていたとしても、一人ひとり、一つひとつの活動なり活躍は、結果的にその企業の目標に繋がっている。どの職能で働きたいかというのは、「どのように」という軸であり、「何故、何のため」というポイントは究極的にはひとつなのである。

あなたの夢が明確であって、その夢を実現できる企業で働くことができれば、成し遂げたい目的はどのような職能であってもあなたは関わっていることになる。

就職活動中の学生諸君は、営業でやってみたい、マーケティングでやってみたい、経理でやってみたい、という粗い考え方で全く問題ない。「何故、何のため」さえ明確であれば、「どのように」という方法は無限であり、ひとつに絞り込む必要はない。まして、企業で働いたことのない学生が、企業での自分の適材適所がわかるはずもない。だから、ここはあなたのやってみたいという思いで十分なのだと思う。あなたが魅力的な人財で、目的意識が高く、誠実に企業の事業活動の中で活躍していけば、上司や人事は見ているし、あなたの適材適所を考えてくれる。また、あなた自身も働いていく中で、自分の適材適所を考えるようになっていく。それを上司とコミュニケーションをとりながら、その道に進めるよう発言していったらいい。それは、部署異動という形かもしれない、出向という形かもしれない、あるいは転職という道かもしれない。働いていく中で、自分の社会人としてのスキル、実力、感性、考え方が磨かれていき、また、あなたの夢も磨かれていき、当初描いていた夢と変わることもあるかもしれない。それでも全く問題ない。自分自身の道を自分で切り拓いていったらいい。あなたの人生なのだから。

就職とは、あるいは企業で働くということは、社会貢献のための自身の価値創出であるとともに、社会勉強の場でもある。いいこともあり、辛いこともあり、時には挫折するかもしれない。でも、また立ち上がって、その経験から得られた新たなスキル、考え方、価値観を糧に、社内であっても、社外であっても新しいことにチャレンジしていったらいい。

社会貢献の結果、きっとあなたの夢は叶っている

ここで、あなたのポケットにしまっておいた、あなたの個人的な夢を思い出してみよう。いい人と結婚して幸せな家庭を築きたい、お金持ちになりたい、親孝行したい、自分の名前が残るような大きな仕事をしてみたい、いずれ起業してみたい、希望の会社に勤めて海外で活躍したい、人々の笑顔をつくりたい、人々を幸せにしたい、それぞれにこのような夢があった。私は学生達に伝えている。社会人になったらたくさん社会貢献しよう。そうしたら、必ずその結果、あなたのその夢は叶っているはず、なりたい自分になれているはずだと。

アメリカの就活事情と日本の就活事情の違い

参考までに触れておく。アメリカの学生の就職活動には、基本的に日本でいうところの新卒採用枠という概念がない。私がシリコンバレーで生活していた頃、何名かの有名大学院在籍の友人がいたが（厳密には彼らは一旦就職してからＭＢＡなどの学業に戻った学生達なので、年齢は多様）、採用取り付けにとても苦労していた。

一般的に、アメリカは職能採用。通年採用で、募集があった瞬間を狙って自らアタックする。アメリカの就職活動では、働きたい会社を絞り込んだら、そこから自分にはどのような専門的な知識があり、どのような専門的な経験があり、どのような実績があり、また別の要素として、どれくらいの人脈やネットワークがあるかもモノをいう。だから、経験とキャリアを積み上げていくために、ジョブホップ（転職）を積み重ね、人脈やネットワークを構築しながら自分の地位や給料をあげていく。つまり、やや死語になりつつあるが、終身雇用という概念はない。

　就職経験のない新卒の学生は、専門的な知識は学業を通じて学んできていても、専門的な経験もなければ実績もない、また人脈やネットワークにも限りがあるため、採用に漕ぎつくのが非常に難しい。

　一方で、日本の就職活動はとても特徴的で、毎年三月一日に新卒の就職活動解禁という節目があり、そこから半年間ほど、社会人経験のない学生達のための新卒採用活動期間を迎える。過去十年ほど、中途採用枠も増えて、転職も活発化してきている印象を受けるが、日本では、年間に約四十万人を排出する新卒の学生達を受け入れる、新卒採用という通念的・通年的な概念が存在する。大企業を中心に、日本の高齢化社会の縮図と化した年齢構成の実態は喫緊の課題。それは決して年齢差別という意味合いではなく、貧弱な逆ピラミッド型の年齢構成は数十年後に破綻することが見えているからである。

つまり、日本の新卒採用活動というのは、短期的な目線ではなく、長期的な目線で、今後の企業活動、ひいては社会を支えていく上で大変意義があり、将来有望な若者達を企業に受け入れて、育成していくといった独特の文化ともいえる。ある意味、日本的な考え方の新卒通年採用活動は、日本の就活生にとって、とても恵まれた環境であり、恵まれた機会だと私は考えている。

第五章　今の私

本書の冒頭に列挙したように、私はパナソニックの中で数々の経験を積んできた。それも、会社の計画的人事・采配に委ねたのではなく、会社にあるeチャレンジ制度（社内転職のような制度）も活用しながら、おおむね自分自身の意志でそれらのキャリアを積み上げてきた。そこには多くの判断ミスによる失態、数えきれないほどの失敗、死をも覚悟してしまったどん底の挫折、自分の弱さの露呈、ほんの一握りの成果があり、どれも今の私の人物像と考え方を形作った貴重な人生経験になっており、どれ一つとして無駄はなかった。

その具体的な波乱万丈のエピソードは、就職活動の本質というテーマからは一線を画して後半に綴るので、興味があれば目を通してほしい。

複数の事業部、複数の商品、複数の職能、複数の国を渡り歩き、紆余曲折を経て、今の私はパナソニック株式会社、空質空調社でエコキュートの事業に携わっている。

エコキュートとは、簡単にいうと熱交換という、大気の熱を利用したヒートポンプ技術を使って、効率的にお湯を作り、370Lや460Lのようなサイズのタンクにお湯を貯め、家庭の洗い場やお風呂にお湯を供給する家庭用の給湯器である。そこで、私はSE職の責任者に従事している。

テレビの商品企画を担っていた当時は課長職、ビデオでも課長職、エアコン商品企画ではDirectorといった組織責任者のポストを歴任してきた。それこそ、当時のテレビの商品企画といえば花形中の花形。二〇一一年頃は販売一兆円まで手が届きかけていた規模感の事業の中で、私は日本国内市場向けの商品企画を担当していた華やかな経歴をもっている。エアコンも然り。特に、テレビ、ブルーレイレコーダー、オーディオ、デジカメのようなＡＶ関係の商品は世間から注目を浴びる事業だった。

しかし、そこからは桁が変わる約二百五十億円相当の規模感でも、私は今担当しているエコキュートという商品が今までで一番おもしろい。今の私は組織長の役職をもたないが、私が担当する商品や仕事には社会的な意義と役割を感じており、大変なやりがいをもっている。それには大きく二つの理由がある。

一つ目は、売り切り商品ではなく、またＢ２Ｃではなく、Ｂ２Ｂ２Ｃの商品だから。私が長年関わってきたテレビ、ブルーレイレコーダー、オーディオ、デジカメのようなＡＶ商品は、店舗で購入してお持ち帰りができるだけでなく、お客様が自分で設置し、使用できるところまで対処できるのが一般的。つまり、少々割り切った見方をすると売り切り商品と言える。それは、決して後のサービス、メンテナンス、保証をしないという意味ではなく、お客様が自立して使用環境までもっていくことが可能な商品という意味合いである。しかも、これらの商品は嗜好品、あるいは必欲品であり、必ずしもなくてはならないものではない。

しかし、給湯器は違う。給湯器は必需品なのである。あなたの家でお湯が出ない生活シーンが想像できるだろうか。お風呂に入れないことが想像できるであろうか。給湯器はライフラインに欠かせない家庭の設備品なのである。そして、その設置や施工には専門性が問われ、設置や施工がないと、お客様が使える環境までもっていけないのである。日本の給湯器需要はおよそ年間三百六十万台。ほぼ七割をガス給湯器がおさえている。コンパクトで、直圧式で、価格もお手頃というのが大きな理由。一方で、エコキュートの占める需要の規模は、そのうち僅か約六十万台。しかし、CO_2排出量が少量で環境に優しく、電気代が圧倒的に安く、お財布にも優しいエコキュートは注目を浴びており、需要は年々増加傾向にある。

これからの社会に、環境対策を重んじたディベロッパーのお客様、ゼネコンのお客様、ハウスメーカーのお客様、代理店様、工務店様は多い。これらのような法人顧客様のご期待に応え、それを通じてお客様のご家庭に環境性能が高く、ランニングコストも安いＢ２Ｂ２Ｃのライフライン商品は価値があり、非常に面白く、とてもやりがいがある。

二つ目は、エコキュートの事業に社会的な意義を感じているからである。先の環境性能も然りであるが、もう一つ大きなメリットを有している。

地震大国である日本に住んでいる皆さんは、常に突然の地震災害に見舞われる不安に怯えているようなことはないだろうか。実はそのような不測の事態でエコキュートは大活躍する。タンクに貯めてあるお湯と水は、地震災害時に水道や通電が止まっても一時的な生活水として使うことができる。その量はポリタンクにして十八個分。震災による被災者に多く聞く困り事の中に、「トイレが流せない」という極めて重大な衛生問題がある。だが、一時的にではあるものの、そのような問題のソリューションにもなり得る。しかも、当社のエコキュートは唯一構造が他社と異なり、主力の機種は極めて高い耐震性能を誇る。

予期せぬ災害時のライフラインを支える商品として、私は当社のエコキュートに大きなポテンシャルを感じており、これから先、より多くのお客様に支持して頂けるのではないかと計り知れない期待を寄せているからである。

第六章　私の夢

このように、私は今の仕事にやりがいをもっており、社会的な意義も抱いているのだが、ずっとこの仕事を続けていきたいというわけではない。学生達に「あなたの夢を教えて」と聞いてきた中で、「中原さんの夢を教えてもらえませんか？」という質問もあり、参考までに語ったことが何度かあった。

かれこれ五年間、私の当社での夢は変わっておらず、上司を通じて、なりたい自分を会社に対して主張し続けている。

●歩みたいキャリア・なりたい姿等

海外、特に製造・販売問わず新興国の拠点の事業責任者。社長として責任ある立場で職務を全うしたい。

●その理由

特に新興国市場向け事業の主体として、雇用の創出を通じて対象国の社会課題に向き合い、社会貢献活動に携わりたい。国籍問わず、人種を問わずコミュニケーションがとれる多様性に富んだ自身の強みと、相手の懐に入る語学力を生かしたい。また、経営に関わる自己啓発的な学習と経験、経営に関わる自身の関心を、責任を担う立場で実践したいため。

寸分変わらず、私が社内のキャリア計画書に記載している内容である。

たくさんの失敗をしてきた。社内で多くの人達に迷惑もかけてきた。でも、懲りずに私はこれを書き続けてきている。なりたい自分がそうなのだから仕方がない。だから、自分に素直に、本心でありのままの思いを綴っている。

私は海外会社の社長になりたい。経営職に就きたい。

パナソニックに入社した当初の私は、明らかにアメリカかぶれのアメリカナイズされた人間で、いつかアメリカに行って仕事がしたいと思っていた。だが、今の私はアメリカには全く興味がない。ビデオの商品企画時代は、ドイツを中心に、ＵＫ、北欧、南欧、東欧諸国と仕事で関係してきたが、ヨーロッパにも興味がない。私は東南アジアの新興国、できればあまり裕福でない国の製造会社の社長に就任したい。

シンガポールやマレーシアに在任中、タイ、ベトナム、インドネシア、フィリピン、ミャンマー、カンボジアなど、東南アジア諸国と仕事で関わってきた。中でも最も関心のあった新興市場のミャンマーは政治情勢が変わり、混沌としていることは残念であるが、それぞれ経済的にも目覚ましい成長を遂げてきた期待市場。しかし、未だに無電化地帯も多く、都会で出会う人々の中には生活事情が苦しい人が今もなお多い。地方からの出稼ぎで、都会での稼ぎのほとんどを出身地元の家族に仕送りしている人や、若いながらも自分の弟や妹の学費のために小銭稼ぎをしているような人達にも巡り合ってきた。私はそのような人達に、人として最低限の生活ができるような仕事を提供していきたい。働くことの喜びを覚えながら、安心して住む場所があり、家賃を払い、家族が三食の食事を得られ、幼い子供達に学校に通わせてあげられるだけの糧が得られる仕事を生み出していきたい。

日本のような豊かな国で生活をしていると当たり前のようなことが、一部の海外諸国ではまだまだ当たり前ではない。現地で高い品質のいい商品づくりが根づくよう従業員を教育し、社会を豊かにするための商品の普及を通じて事業を成長させ、更に雇用を拡大していくというWin-Win-Winの好循環を私は生み出したい。それには多大な責任が伴う。私が中途半端な思いで社長業を担っていたら会社は潰れてしまう。そうしたら、私は雇用を生み出すどころか、従業員を解雇しなくてはならない。だから私はその責任を負いたい。その責任を胸に、事業の発展と成長に尽力し、地域社会に貢献していきたいという思いでいる。

私はこの夢が叶う可能性がある限り当社に尽くしていきたいと考えている。私はこの会社に育てられた。会社で働くということの意義を教えてもらった。だから、当社の事業を通じて社会に貢献していきたいと思うことが私の中での最優先順位。でも、もしも社外にそのような機会があるのなら、その機会を逃すこともしないであろう。二〇二二年四月に五十二歳になった。もう五十二歳?ではなく、まだ五十二歳という気持ちでいるので、自身が叶えたい夢への最短距離を突き進んでいきたい。

誰かのために、何かのために

少しだけ、私がフィリピンでボランティア活動に参加した時の話をしたい。二〇一四年一月、シンガポールに在任中、私はマイクロソフトに勤めている友人Y・M氏の誘いで、アメリカ系ボランティアグループ、All Hands の Project Leyte に一週間ほど参加したことがある。

台風で破壊された街の復旧が主なミッションであった。現場に到着すると、ほぼ全ての建物の屋根が吹き飛んでいて、壮絶な被害のシーンを目の当たりにした。

All Hands の拠点は、郊外の小さな病院の中にあり、そこには入れ代わり立ち代わりで世界中から三十~四十名ほどの有志が常駐していた。夕方十八時になるとラジエータを止めるので電気がなく真っ暗。夜にはデング熱をもった蚊が舞うような寝床に蚊帳を張って、板張りの二段ベッドで寝泊まりをしていた（写真左下）。

私の記憶では、有志ボランティア達はアメリカ、オーストラリア、台湾、フランス、イギリス等々、方々から集結しており、中には医師の卵の女性や、東日本大震災でも日本に駆けつけてくれた二十代前半の若者もいた。

彼ら、彼女らと共に私のミッションは病院と学校の復旧だったのだが、経験のない高所作業で、炎天下、足もすくむような骨組みの天井をつたいながら屋根を修理したりもした（写真左上）。世界中から集まった有志達と、火を起こして、毎晩お酒を酌み交わしながら、互いの価値観について語り合ったことは今でも記憶に新しい（写真右下）。そして、この

経験を通じて最も嬉しかったことは、学校の復旧作業に行くと、百人くらいの子供達が我々の元に集まってきては、"Thank you for coming to help our country"「私たちの国を助けるために来てくれてありがとう」と言ってもらえたこと（写真右上はそのひとコマ）。正にPricelessだった。高所作業の怯えや炎天下の疲れなど一瞬で吹き飛んだ。

後に綴る「私の会社人生」の中で触れるが、私は三十二歳だった二〇〇二年にアメリカのシリコンバレーでスタートアップベンチャーと活動を共にしている。私のことをとてもかわいがってくれた、その会社の共同創業者であり、ＣＦＯ兼ＣＯＯだった、故クリス氏が私にあることを語ってくれた。「エド（私の英語ニックネーム）は、今までにＮＰＯで非営利活動とか、ボランティア活動をしたことがあるか？　もしもないのなら、一度参加してみたらよい。エドの価値観がきっと磨かれると思う」と。

以来、私はその言葉の意味が気になって仕方がなかったが、二〇一四年にProject Leyteに参加したことでわかった。Giving is Everything（与えることが全て）、求めるより与えよ。その結果得られたものは「ありがとう」だった。

会社勤めをしていると、どうしても利益の追求、昇進・昇格、私利私欲、そのようなことに囚われてしまうことは決して否めない。「会社のために、自分のために」、ややもするとこのような考え方がつきまとっていた時期もあった。しかし、私がこのProject Leyteで得られた新たな価値観は、「誰かのために、何かのために」、そしてその報酬は「ありがとう」。私はこの経験を通じて、まだまだ未熟ではあるものの、少しばかりではあるが、かけがえのない価値観に辿り着くことができたように思う。

企業は営利を追求する組織であり、それはそれで全うしていかなくてはならない。それは企業の使命である。慈善事業ではない。でも、その事業活動の中での私のＫＰＩ（Key Performance Indicator・重要業績評価指標）は、「ありがとう」の数にある。たくさん「あ

りがとう」を言うこと、そして言われること。「ありがとう」という言葉は、何かの価値に対する報酬であり、誰かが何かに貢献した証、私が誰かに貢献した証。だから日々実践している。

時期は前後するが「誰かのために、何かのために」といった、このような私の価値観は、いつしか地域ボランティアで東大阪市石切東校区の全十町会を束ねる第三十代校区長として、会員数三百五十名ほどの地元子供会を仕切る活動に従事するなどの積極的な行動の変化にも表れていった。小学校の運動会に負けるとも劣らない千人規模で開催される校区子供会運動会は、十町会が互いに競い合って盛り上がる大イベント。子供達に限らず保護者達も毎年楽しみにしているような機会を継承する、とても活発な地域活動団体だった。そこでリード役を買って出た、私を含む校区三役をはじめ、志ある各十町会の会長達と一年間活動を続けてきて、最後に我々が得られたものは、地域の子供達からの「楽しかった、ありがとう」。

そこから暫し時間は空いてしまったが、Matcherという、社会人と社会人を目指す就活生を結びつけるアプリを通じて、今のところ一年間も学生達への就職活動支援という形で携わっているボランティアも、私のこのような価値観からくるものであり、ゆえに生きがいとやりがいをもちながら、極めて高いモチベーションで続けることができている。

心の中では、全員から頂ける「ありがとうございました」が何よりの私の励みになっている。

第七章　学生達へのメッセージ

本書の目的は「就職活動の本質」に気づきを与えるところにあった。たかだか一般企業の会社員の考え方に基づく内容に過ぎないかもしれないが、私が目的としている「就職戦線に臨む皆さんに勇気を与えたい」という志から、「これからの社会を変えていきたい。よくしていきたい」、そんな思いの学生が〝一人でも多く〟社会に出てくれたら、社会人の一先輩として嬉しく思う。

今までに私に相談を申し込んでくれて、私と時間を費やしてくれた学生達に対して、実は私自身が感謝をしている。彼ら、彼女ら全員の志の変化に、私自身も勇気をもらうことができた。就職活動に不安を抱え、泣き崩れてしまった学生も数名いた。その学生達とは三時間近く時間を費やすこともあった。まるで人生相談室みたいな活動の中で、悩みや迷いを解決するために、フランクに笑いネタを交えながらも、真剣に語る私の言葉に耳を傾けてくれて、面談の最後には目を輝かせて自信が漲《みなぎ》った表情を見せてくれた。だから、私にとって、この活動はWin-Winなのである。Matcherアプリ上の私のプロフィールの下に彼ら、彼女らが残してくれた私との面談のレビューコメントは私にとっての宝物。星数五つでは足りないと、星を追加して感謝の気持ちを表現してくれるような学生もいた。そして、皆、勇気と希望を抱いてこれから就職戦線に臨んでくれることを約束してくれている。きっと彼ら、彼女らは、大きな夢をもって、自分が活躍できる場所、自分が活躍すべき場所を見つけ、社会貢献を通じて企業の繁栄に精一杯尽力してくれるだろう。既に企業から内定の出た多くの学生達から、続々と内定報告をいただいている。中には、手紙のような長文のお礼のメッセージもあり、嬉しい限りである。社会人の先輩として期待を胸に社会で待っている。

第八章　私の今までの会社人生

本書の構成を考えてきた中で、実は私の会社人生は当初は第二章に位置づけていた。しかし、あまりに衝撃的なエピソードも含まれ、却《かえ》って学生達に社会人になることに対する不安を与えてしまうのではないかと考え、最終章に回した。

堂々と学生達に「就職活動の本質」といった偉そうな話をしてきており、さぞ煌《きら》びやかで、栄光に満ちた会社人生を送ってきたのだろうと誤解されているかもしれないので、その想像を覆す、私の今までの会社人生をコンパクトに、そして赤裸々に語っておきたい。

受験勉強もしたことがなく、帰国子女というアドバンテージで同志社国際高校から同志社大学という学歴を手に入れ、パナソニックに入社というキャリアを積み上げてきた。パナソニックみたいなグローバル大企業に勤めて、大阪ミナミの心斎橋オフィスでアメリカ向けの輸出の仕事ができたらなぁ、と希望を描いていたら、その通りになった一九九四年の新入社員の自分。でも、やはり出る杭は打たれた。アメリカナイズされた、堂々と発言する積極性、流暢な英語をむき出しにする図々しさ、トンがった個性の露骨なアピールは、一部の先輩には相当煙たがられて、今でいうイジメやパワハラはあった。やけくそになって何度も辞めてやろうと思った。

その後、いい上司に巡り合い、二十九歳で主任に昇格。全社の三桁億円を投資する巨大プロジェクトに専任で抜擢された。名前もかっこよかった。「T21プロジェクト」。ところが、経営改革のプロジェクトにもかかわらず、私は経営のことなど勉強したことがないので全くわからない。幹部の人達とまともに会話もできない。ならば論破できるまで経営学を勉強してやろうと一念発起。MBAに行く金も頭もない私は、中小企業診断士の教材に注目した。

通信講座で十カ月間企業経営理論全般について自己啓発的に学習を積んだ。企業経営理論、財務・会計、運営管理、経営情報システム、新規事業開発、経営法務、経済学・経済政策、中小企業論、助言理論の九科目。体系的に経営学を学ぶと面白いもので、座学だけで満足できなかった私は、たまたまそのタイミングで本社が募っていたベンチャースタートアップトレーニー制度なる研修生に応募。ベンチャー経営の実態に迫りたかった。その年、全社で二名枠しかないポストを勝ち取り、シリコンバレーで投資ラウンドはシードからAの、いわゆるアーリーステージのスタートアップベンチャー企業某C社と一年間活動を共にした。当社がシリコンバレーに構えていたベンチャーキャピタル兼インキュベーターの中に同社が入居していたこともあり、私はそこにBusiness Development

Representativeという肩書のインターンとして受け入れてもらった。

インターンという立場もあり、もちろん同社の機密事項や深い内部事情にアクセスすることは制限されていたが、かいつまんで同社のことについて少々語ると、事業内容はカラーフラットディスプレイパネルの画素を構成するサブピクセルＲＧＢを特殊な配列に変え、パネルの駆動ドライバー数を削減するコストダウンメリット、画素の開口率を上げることによる輝度（画面の明るさ）向上、なおも解像度を飛躍的に上げつつ、消費電力を抑えることができるアルゴリズムをライセンスするといった、ＩＰ（Intellectual Property・知的財産権を売る）カンパニーだった。

同社は最終的には韓国の大手電機メーカーに買収され、社名を改名し、ＩＰＯ（株式公開）ではなく買収といったExit（出口）で成功を収めた。技術も経営チームも優れていたし、スタートアップがどのようにして事業を事業化していくのか、その実態を内側から見ることができたことはとても刺激的で多くの学びがあった。

そのＣ社に勤めるに当たり、San Jose近郊CupertinoのForge Homesteadのツーベッドルームアパート、もちろんプールもトレーニングジムも完備した立派な家に一人で住まわせてもらっていた。

私の記憶では家賃が月千七百ドルほど。当時の為替で約二十万円という高級住宅街。しかも、Apple本社の斜め向かいという立地。当時はiPod発売前で、大赤字を計上し、瀕死の状態だったAppleであるが、今や時価総額堂々世界第一位。今思えば、なんてスゴイところに住んでいたのだろうと振り返る。まだ三十二歳の当時、こんな貴重かつエキサイティングな経験の中で、私が「起業」という観点で重要だと学んだ自分なりの結論は四つ。①市場性、②差別化、③ビジネスモデル、④Win-Winだった。この四点があって一握りの優秀な人達の集まり、そして際立った技術が事業に結びついていくのだということが肌で感じられた、そんな経験だった。

家族と離れて単身シリコンバレーに身を置いた一年間で、C社で働く以外に、私は積極的に社外の交流イベントやセミナーに参加したり、San Jose州立大学のFundamentals of Digital Technology（デジタル技術の基礎）コースに通って、文系の私にとってはハードルの高いクラスで理系の勉強をしたり、知り合いに頼んでスタンフォード大学のMBAコースの授業の聴講をしてみたり、週末はMountain View市にある人気の寿司屋「Sushi

「Tomi」に入り浸り、来客した著名なＣＥＯに出くわすと、寿司屋の大将にお願いして紹介してもらい、突撃して話しかけるなど、兎に角、せっかくの一年間を無駄にしないよう、自ら動いて様々なことに関心をもち、関わりをもっていくことに一切躊躇《ちゅうちょ》しなかった。

その結果、帰国時点では二百社以上の人達と人脈を構築することもでき、有益かつエキサイティングな経験が得られた、極めて濃密な一年間だった。当時、現地で知り合った社外の日本人の友人達とは、今でも繋がっている。以来、岡山県から毎年夏になると新鮮な、おいしい桃を二十年も送り続けてくれているひろみちゃん。それぞれ別の企業に勤めているものの、今でも〝シリコンバレー飲み会〟と称して、度々東京で会っているマサ、しんじ、コムコム、ハットリさん、おーじ、ヒロ。それぞれ全く異業種の会社に勤める定例メンバー達と、これからの技術、これからの世界、それぞれの人生の変化について語り合う機会を設けて二十年近くになる。

帰国後、私は大阪南門真のＡＶＣ社の海外マーケティング部門で北米向けのポータブルＡＶ系商品の営業職に就いた。iPodが発表されていたが、まだかろうじてポータブルＣＤプレイヤーやフラッシュメモリプレイヤーが盛んだった時期である。

販社と工場の間を中継ぎするPSI（販売計画づくり）が日課。シリコンバレーで得た経験が全く活かせていなかったこと、そして自身がやりたいことにもう一度向き合い転職を決意。三十四歳という、当時では転職ギリギリと言われた年齢で転職サイトに登録し、ベンチャー投資がメインのベンチャーキャピタルへの転職を狙って活動していた。

結果的に、某銀行系のベンチャーキャピタルに難なく内定を頂き、行く気満々だったものの、雇用条件通知書の年俸に私の希望額と先方提示額に乖離があり、金にケチがついたので即お断りした。従って、私のパナソニック人生はそんな成り行きで途切れることはなかった。

ひとつの大きな転機は、テレビの商品企画からの引き抜きオファーだった。

二〇一五年十二月、当時の私の仕事とは全く関係のないテレビの商品企画部長から、ある日突然、「中原くん時間ある？　ランチ一緒にどう？」と誘われて同席したところ、「単刀直入に言うけど、うちに来ない？」とのお誘いだった。

当時、日本国内のテレビの需要はコンスタントに千万台規模。当社はシャープとガチンコ勝負ができておらず、業界二位をソニーと肉薄して争う構図。それでも、ブラウン管テレビから薄型プラズマテレビ、液晶テレビへ、そしてアナログからデジタルに移行する正に需要最盛期で、正直なところテレビの商品企画という仕事は、当社の中でも花形中の花形だった。

オファーは嬉しかったが、明日までに返事がほしいという強硬ぶりだったので、当時AVオーディオマーケティング兼営業職に従事していた私は、通してみたい企画構想があったため、残念ながらお断りをした。その二カ月ほど後、今度は人事からの人事異動という形で、私は強制的にテレビの商品企画に引き抜かれ、異動することとなった。一度はお断りしたものの、いずれは商品企画職に携わりたかった思いもあったため、決して悪い気はしなかった。

六年間の日本市場向け、主に液晶テレビの商品企画職の中で、私は課長職まで上りつめ、九割苦労しかなかった商品企画の仕事ではあったが、相当なやりがいを感じていた。

しかし、テレビの暗黒時代は突然訪れ、アナログ停波・デジタル移行とエコポイント特需によって二千五百万台、（本来のオーガニック需要の二・五倍）まで膨れ上がった二〇一一年の最大需要から一転、先食いされたテレビの需要は約六百万台まで激減。全社の花形だったテレビ事業は一転、全社のお荷物事業となってしまった。それでも私はこの仕事が好きだった。企画を立案し、営業・マーケティング部門・原価・技術・サービス・品質保証などの関連部門に対してリーダーシップを張って、企画をまとめ上げていく仕事が性に合っていた。でも、うっすらと自分の中に残っていた、入社当時の「海外で活躍したい」という思いとはギャップがあり、モヤモヤした気持ちは常に付きまとっていた。

　そんな矢先、かつての貿易業務に従事していた時代の先輩から、「シンガポールに拠点を出すが、おまえ来る気ないか?」と、突然の横やりの電話が入った。迷った末に私は誘いに乗った。社内にあるeチャレンジ制度を使って、グローバルロジスティクス部門に異動することとなった。いうなれば社内転職。課長ポストという責任ある立場の最重要市場を担当する責任者が抜けるとあって、事業部内の私の周りは騒然となった。その証拠に私は当時のテレビ事業担当役員に呼び出され、「考え直してくれないか?」と引き止めていただいた始末。役員からの直々のご要請ということもあり、数日考えさせてもらう猶予をいただいたが、やはり出ていくことを決心した。

　実はここには仕事以外に狙いがあった。中学三年生の娘、中学一年生の息子、多感な時期の子供たちに海外を見せたかった。海外経験をさせたかった。そして私のように子供たちを帰国子女に仕立て上げて、帰国子女枠で優良国際高校に編入、こんなことも画策していた。ゆえに私にとっての海外での仕事、海外移住というのは、仕事という枠組みだけに留まらず、緻密に計算されたプランでもあった。

でも、ここでの反省は私にはそんな私欲があったこと。そのツケは後に明らかになる。

結論から言う。自分の仕事は場所で選んではいけない。

私の中にあった計り知れない希望と高揚感は、「シンガポールに住める。英語がペラペラなのに、海外駐在に縁がなかった私が、やっと海外で仕事ができる。家族を海外に連れていける」といったあまりに不純な動機が大半を占めていた。結果、シンガポールでの仕事内容は自身を奮い立たせるものとは程遠い内容だった。

ＡＳＥＡＮ九カ国の販売会社や製造会社の物流コンサルティング。簡単に言うとこのような仕事だった。固まっていない業務ミッション。相手先の販売会社や製造会社からはコンタクトのたびに煙たがられる日々。どうやってこれを価値ある仕事にできるのか、「自分で考えろ」と無責任に言われていた日々。私は気持ちが沈んでいき、初めて軽度の鬱《うつ》と診断され、一定期間会社を休むハメになった。

実はシンガポールの生活費は世界一位から二位を競うほど高いと言われている。私は、そんな国に会社のコストで生活させてもらっていながら、ロクに成果も出せず、自身の存在意義も見いだせず、挙句会社を休むといった、究極の会社のお荷物になってしまった。自分がうつ病？　社会復帰できるのだろうか？　そんな不安を毎日抱えながら、なんとか復帰を果たすものの、結果は会社から日本へ帰国させられるという無様《ぶざま》な、みじめな初の海外赴任となり、私の中で極めて大きな汚点を作ってしまった。しかし、それは会社に迷惑をかけてしまった当然の結果であり、またそれ以上に心配をさせてしまった家族に対して申し訳なく、私は一時期魂が抜けきった抜け殻のようになってしまっていた。

ここからまた一つの転機が訪れた。「日本に帰るのか。ならば俺の下でビデオ商品企画をリードしてくれないか？」。かつて、私の上司だったテレビ時代の上司Ｈ・Ｉさんが部長まで昇任されていて、私を部下として迎え入れてくれたのである。数年前、私が裏切って出ていったテレビ商品企画時代の上司が、まだ私の力を買ってくれていたのである。

ほどなく古巣のＡＶＣ社に戻り、ビデオＢＵ（ビジネスユニット）に配属されると、当時のＢＵ長は私の経験と語学力に期待を寄せて、海外の仕事をほぼ全面的に私に任せてくれた。そこで私はまた開花することができた。誰にも負けないプレゼンテーション力、欧州を中心とした海外販売会社の人達の懐に入り込むコミュニケーション力はとても評価頂いた。収支事情は厳しかったが、商品企画職の本業である企画立案から導入までの数々の決裁も、持ち前のリーダーシップで腕を振るった。この時代に、今の当社の社長である楠見さんとも一部仕事でご一緒させて頂く縁もあった。

それなりに面白かったビデオの商品企画。でも、私は既に四十七歳。一度海外で失敗していながら、懲りずに、またもや海外に出てみたいという欲求に駆られてしまっていた。四十七歳という年齢で、しかもビデオ事業で、もう海外のチャンスはないな、それなりのポストの仕事のチャンスはないな、もう会社を辞めて、他の会社に転職して、そこで海外の責任者になることを目指そう。そんな覚悟を固めていた。この話を私は、マレーシアで当社アプライアンス事業最大級のエアコン工場の社長に就任していた、かつての上司H・Iさん（先述と同一人物）に「会社を辞めようと思っている」と相談したところ、
「うちは商品企画を強化したい。おまえが商品企画の責任者としてけん引してみないか？会社を辞めるにしても、一度俺のところで頑張ってみないか？　おまえなら俺はほしい」

そんな心に突き刺さる言葉をかけてくれた。

これで二度目のＡＶＣ社への裏切り。私は課長職という責任ある立場でありながら、またもや会社のｅチャレンジ制度を使ってマレーシア・エアコン工場の商品企画Directorというポストを手に入れたのである。そして、ＡＶクロモノ商品から経験のない白物商品へ。心の準備は十分にはできていなかったものの、テレビを含めたＡＶ事業を商品企画職で課長を張ってきた人間である。苦労もしたし、事業観点、商品企画に纏《まつ》わる一連の知識と経験があるので、「自分はできるのだ！」という計り知れない自信があった。ところが、その自信が粉々に砕かれたのが、ここからのマレーシアでの生活のエピソードである。

今回は単身赴任。赴任前に私は以下のようなメッセージを子供たちに宛てた。

2018年3月25日

美紀・トモへ

4月1日より父は単身でマレーシアに赴任します。本心は寂しいのですが、暫くの間、家族と離れ離れの生活になるので、二人にメッセージしておきますね。

父は今回希望して海外に出ます。自分の残りの会社人生の過ごし方を考えた時に、そもそも何故この会社に入ったのか、何がしたかったのか、これらを振り返りました。インターナショナルな自分の個性と経験を活かして、海外の人達を相手に仕事がしたい。そんな思いを持ちつつ社内でキャリアを重ねながら、次第に未発達の地域の生活文化やくらしの改善に寄与したい、そのような地域で雇用を創出するような立場で仕事がしたい、自らの手で手掛けたい、ゆえに東南アジアを中心に活動したい。そう思うようになりました。美紀とトモが、誠実に、まっすぐに、そして立派に成長してくれたおかげで、安心して自分が思い描いていた新しいことにチャレンジすることができます。ゆえに二人にはとても感謝しています。ただ、二人が立派に成長してくれたというものの、父親というのはあれこれ考え、そして言いたくなってしまうんですよね。その点は理解して下さい。

二人にとっては耳タコくらいお願いしていることかもしれませんが、改めてお願いが二つあります。

一つ目。美紀とトモ、二人のために自らの時間を犠牲にして何から何まで、二人の期待以上に世話をしてくれているママへの心配りをしてあげて下さい。毎日してあげて下さい。それが具体的に何なのかは父の口からは言いません。自らの意志で動くこと。思ったら動くこと。自ら与えること。Giving is everything です。与える気持ちが大切です。この言葉がもつ意味は、美紀とトモが大人になって、自分に好きな人ができて、子供ができて、というように自分にとって大切な人ができた時に気が付きます。わかってきます。

二つ目。恐らく父が海外に赴任している間に、二人は卒業の時期を迎えることになるでしょう。その際の進路について、父は父の思いを強要したり、二人の思いを捻じ曲げたりするようなことは決して言いません。でも、進路を決めていく過程では父に必ず相談をして下さい。これでも父は社会人経験が25年ほどあります。きっと二人が社会に出る上で、何らかの参考になる言葉はかけられるとは思います。これからの時代は大きく変わっていきます。中でも、これから仕事はＡＩや機械に置き換わり、ヒトが活躍できる分野は限られてくると言われており、Management, Creativity, Hospitality という三つの分野に集約されるともいわれています。美紀は幼児教育分野。トモは経営学。二人ともとてもいい分野の中で将来の選択肢をもっているように感じています。ゆえに、残りの学生生活はしっかりと自分の「Vision」、「志」、「考え」をもって、悔いのないようにおくるようにして下さい。

父は今回の海外赴任を大きなチャンスと捉えており、もうワンステップ上にあがって、更に大きな権限の中で仕事ができるようになるよう精一杯地域や事業、そして世界に貢献できる働きぶりをみせてやろうと心に誓っています。家族にもそういう姿に見えるよう尽力するので、日本から応援して見守っていて下さい。ママをよろしく頼みます。

では、いってきます（^-^）／

With love, 父より

恐らく五年は帰らないであろう。帰国したら五十三歳。娘は結婚を考えている頃かもしれない。その間、息子は就職活動を乗り切って就職している年、そんな二人にメッセージを送った。そして私は、私が子供たちに宛てたメッセージを胸に、新しい立場で、新しい職場に意気揚々と自信満々で乗り込んだのである。

結論から言う。私のマレーシアの生活はたったの一年で終わった。しかも、職場で仕事をしていたのはその内たったの八カ月ほど。一体何があったのか。私は重度のうつ病患者（正式な診断結果は双極性障害といい、躁状態とうつ状態のエピソードが反復する鬱状態）になってしまったのである。その経緯は長い。

意気揚々と、自信満々で乗り込んだエアコン事業。しかし、私には一切エアコンの知識がない。それでも全社で一兆円に迫る売上を目標にしていたテレビの商品企画をけん引していたのだ。「できる！」と自信に満ちていた。ところが、パナソニックのような大きな会社ともなると、別事業部はおおむね別会社。文化が違う。しかも、純粋なエアコン事業部出身者の多くはテレビ事業を敵視していた。エアコンが頑張って稼いだ実入りをテレビが全部食い潰していた、そんな時期もあったから。エアコン事業の立て直しの時期は、テレビの幹部がどんどんエアコン事業部に流れていくことに、彼らのプライドがキズつけられていた。「なんで俺らがテレビに指導されなあかんねん」と。

そんな文化的な違いは私の元上司であるＨ・Ｉ社長から予め聞かされていたので、ある程度の覚悟はしていたが、テレビ出身者の私に向けられた矛先は、一部強烈に尖っていた。懐かない部下もいた。とても辛かった。でも、私自身も大いに反省があり、周囲の期待に応えきれない理解の乏しさも追い打ちをかけた。私が経験してきた一般消費者向け民生品、Ｂ２Ｃ事業とは異なり、空調事業はＢ２Ｂ、あるいはＢ２Ｂ２Ｃ。今までの経験とは畑が違うし、市場の考え方、顧客の捉え方、商品の考え方が全く異なっていたのである。

いよいよ翌年度事業計画策定の時期に突入すると、私は一部から仲間に入れてもらえず、情報不足で話に全くついていくことができなくなっていた。現地ローカルの部下たちには大変慕われていた。そして、唯一といっていいほど仲良くしてくれ、私を慕ってくれていた、純粋なエアコン出身者でもあり工場の責任者だったＴ・Ｉさんとの連日の晩飯。それがせめてもの救いだった。でも、私の気持ちは次第に萎《しお》れていき、九月末くらいから眠れなくなっていた。夜中に突然目が覚める。得体のしれない重くのしかかる重圧感で全身が痺れるような倦怠感。眠れない、意識朦朧《もうろう》、思考力低下、食欲低下、出社意欲低下。典型的な鬱の症状である。

私は医者ではないので詳細は述べないが、人は狩猟時代に群れや集団から逸《はぐ》れると、それは即ち死を意味したため、仲間外れになることを本能的に恐れる。従って、自分が仲間からの疎外を意識し始めると恐怖が襲うというメカニズムらしい。また、その恐怖から脱するために必死で生き残りを考え尽くす。すると、精神を安定させる脳内の神経伝達物質であるセロトニンが枯渇ぎみになり、冷静に考える能力が次第に失われていく。このようなことを書籍から知り、医師からも聞かされたことがあった。既にそこに陥っており、過去にも軽度の鬱の経験があった私は、幸い Mont Kiara 地区の自分のコンドミニアムの近所にあった心療内科に駆け込んだ。

診断結果は二週間ほど休むこと。私の薄っぺらいプライドがズタズタになり、休んでも、役立たずな自分に対する自己嫌悪がぬぐえず、とうとう自殺まで考えた。完全に冷静な判断力が失われている精神状態になっていた。人生で死のうと思ったのは初めてだった。スマホで「楽な死に方」を検索したりもした。でも、グーグル検索ではそんなことを検索しても楽な死に方のアドバイスなど出てこない。検索結果は、「あなたは大切な人」、「きっと苦労している」、「一人で悩まないでほしい」等々、死を選ぶ人を我に返らせる、思い留まらせる、そんな励ましに通ずるリンクに誘導していた。でも、沈みきってしまっていた私の気持ちが持ち上がることはなく、手に取っていたのは革のベルト。これを丸めて、シャワー室のタオルかけに括《くく》って自分の首を通すところまでいっていた。スマホにあった家族の写真を見ながら、「ごめん……」、そう呟きながら、何度も同じことを繰り返した。でもできなかった。今この瞬間、この文章を綴りながら、当時のシーンを思い出し、涙で目が潤んだ。自ら命を絶つということには相当なパワーがかかることを初めて悟った。そして、断言できる。二度とこんなマネはしない。絶対に考えてはいけないことだったと今なら言える。

　私は勇気を振り絞ってH・I社長に電話を入れた。たまたま日曜日だったこともあり、電話をとってくれた。社長として事業計画策定の多忙極める佳境の中、「絶対に俺が行くまで変なこと考えるな。病院まで一人で行けるか？　そこで合流しよう」と。親に付き添われる子供のように、私は近所の心療内科で診察を受けて、自殺まで試みようとしたことを打ち明けると、すぐに施設への収容を言い渡された。それもすぐに。今すぐに。

着の身着のままで向かった先はマレーシアにある巨大国立病院。そして収容される場所は日本で想像するような綺麗な個室ではない。想像を絶するような、刑務所のような収容所だった。中で着用する衣服も色あせた緑色の囚人服のような上下のツーピース。三十名くらいの重症精神病患者達と、敷居のない世界で生活を共にした。夜中に突然叫びだす人、寝ている最中に横から声をかけてくる人、突然抱きついてきたり、身体に触れてくるような人、そのような人達と寝泊まりをしていた。

テレビもなければ本もない。私は獄中生活のような日々を二日間過ごし、それこそ気が狂いそうになった。そこから脱出する方法はただひとつ。身内の引き受けである。いかに親しくても、H・I社長は私の親戚ではないので、引き受けができない。とられた方法は私の妻を日本から呼ぶことしかなかった。

忘れもしない二〇一八年十二月二十三日。私の妻はH・I社長から話を聞いた即日、そう、その日の晩のフライトをおさえて、飛んでマレーシア入りしてくれた。そして私を収容所からの脱出に導いてくれた。私が生きてきた中で一番心に残る、心に染みるクリスマスプレゼントだった。

一時は死のうと考えた人間が、生き地獄を味わって、元の生活に戻りたいと考えた。なんとも矛盾した話である。Ｈ・Ｉ社長、工場責任者のＴ・Ｉさん、Wellbeという日本人駐在者向けの医療サービス仲介業者、周囲の助けがあって、私は無事日本へ帰国。しかし、私はマレーシアの仕事に帰ることはなかった。私の精神ももたないし、私がいなくても仕事は十分にまわったからである。


このように、Ｈ・Ｉ社長、人事、そして多くの人達に、とんでもない迷惑をかけた私は落ちるところまで落ちた。もう再起不能だと思った。私はきっと、このまま、百日程度の残留年次有給休暇を消化して、その後休業から休職となり、いずれ会社を追われることになるのだと予測していた。人生が終わったような、そんな気持ちだった。

でも、会社は優しかった。私を見捨てることはなかった。私に復帰する職場を与えてくれた。当時のＹ・Ｓ事業部長、Ｔ・Ｎ人事部長、そして私を迎え入れてくれたＭ・Ｍ職場部長には心から感謝している。それはそうだ。こんなめんどくさい厄介者、どこの職場も本当は受け入れたくないはずである。でも、「病気になることは誰にでもある。またやり直してくれたらいい」と私にチャンスをくれたのである。だから私は、この恩返しをしようと心に誓い、紆余曲折を経て今の立場にある。先の章で綴った通り、今私は役職を失ったものの、部下を三人もち、当社のエコキュート事業の設置や施工に関わるＳＥまわりの仕事に責任者として従事している。

何故ここまで自分の会社人生における汚点、恥ずべきことを赤裸々に語ったのか。それは、今の私の人格形成に大きく影響を与えた苦労だったから。

人は実は弱い。人は認めてほしい。人は時にはどん底までいくと、あってはならない判断をしようとしてしまう。人は勇気づけなくてはならない。生きることに意味をもつことで、人は勇気と希望が得られる。だから、私の悲劇的な経験の中で、私を救ってくれた人達のように、私も人を救うことができる。……かもしれない。ならば、そのような活動を積極的に、自発的にやっていこう。人を動機づけすることに専念しよう。かなり自分本意で、我が道に執着したきらいのあった私の考えは、自分の子供たちはもちろんのこと、次第に部下、後輩、若手、そして社会の舞台に立つ就職を控えた学生達へと意識が向いていったのである。

このような経緯から始めた就活生の不安や悩みを解消するお手伝いを通じて、彼ら、彼女らに自信をもって就職活動に臨んでほしい、前向きな気持ちで社会人になってほしい、そして社会を変えていく志を抱いてほしい、そう考えるようになっていった。そこから自らが培ってきた考え方の一端である、社会の中での企業とは？　企業の存在の本質とは？　ひいては、「就職活動の本質」とは？　そして、自分自身を魅力的に表現できる自己ＰＲとは？という、学生達の就職活動を乗り切る上での重点ポイントを磨き上げることを目的として、自らを奮い立たせて毎晩学生と向き合っている。

シメ

おわかり頂けたであろうか。学生達との面談の中では「就職活動の本質」と偉そうに語ってきた私であるが、私の会社人生は九割の苦労と失敗、一割の喜び、そして、その中での一握りの成果、このように総括できる。その時々の、それぞれの役割やポジションで、本気で仕事に向き合ってきたことは自負している。ただ、成果と呼べる成果などおこがましくて語れない。社会に迷惑をかけるようなことはなかったが、会社や家族にはたくさん迷惑をかけた。

世の中かっこいい会社人生を歩む人もいる。でも、きっとその人達も数々の苦労と失敗を経て辿り着いたかっこいい会社人生なのだと思う。苦労も失敗もせずに辿り着いたかっこいい人生に深みなどない。私はそう思う。私はむしろかっこ悪い会社人生を送ってきたように振り返る。でも、そこから得られたものは大きい。

学生諸君も社会に出て会社に勤めたら、この先数々の壁にぶちあたり、たくさんの苦労を経験するであろう。でも心配はいらない。私のようなどん底経験者でも、今ここに命があり、限りなく前向きに会社人生とプライベートライフを謳歌している。

二〇二二年四月で五十二歳。会社人生もこの先まだ長い。最終的にかっこいい会社人生だったと言えるように、私は私の夢に拘って、これからも変わらず私の個性を存分に貫いて、自身の価値観を磨き上げ続けながら社会に貢献していきたいと思う。

これからの社会を支える若い学生諸君が羨ましい。可能性に満ちている。今からでも遅くない。社会に関心をもち、社会の課題に向き合い、自分事として捉え、自分事で考え、その社会の課題に向き合う企業の中から自分が活躍する舞台を選び抜き、その企業の事業を通じて、社会貢献活動の一員として、企業の繁栄と社会貢献に精一杯尽力してほしい。

学生諸君、Good Luck!

エピローグ

一般サラリーマンにとって、清水の舞台から飛び降りるくらいの気持ちで、多額の出費を決意した本書の自費出版ではあるが、本書の制作に当たり感謝したい人がいる。

～出版社担当～

私の本書の企画構想に関心をもって頂き、熱心に「是非当社で出版を！」と口説いてくれた若き企画編集部の尾﨑氏。ズバズバと言いたいことを発言する私に対して、年の差はあるものの、出版社の自費出版企画部門のプロフェッショナルとして、素直に、率直に意見してきてくれた。いくつかの出版社とベンチマークはしてきたが、私は本書のターゲット層に年齢が近い尾﨑氏ならば、きっと私の作品をいい形で世に届けてくれるだろうと、彼に託した。その後、彼は本書制作に対するひとつの役目を終え、新たなフィールドに旅立ち、彼よりも更に若手の並木氏に編集をバトンタッチした。私の娘と同い年の二十五歳。娘と重ね合わせて臨んだ初めての打ち合わせ。入社三年目ながらにして、出版社のプロフェッショナルとして、堂々と、しっかりした口調で編集をリードしてくれている。二〇二二年五月現在、是非、彼女と共に本書の完成度を高められるように仕上げていきたい。

～パナソニック株式会社～

私にたくさんの試練と働く機会を与えてくれたパナソニック。この会社のおかげで、私は社会貢献活動に参加できている。そして、私は日々問題解決するために「考える」機会を得ながら、社会勉強させてもらっている。

会社と個人は労働契約の下で Win-Win の関係にあるが、不自由なく日々豊かな生活ができ、かわいい娘と男前の息子を立派な成人まで育て上げることができた背景には、この会社で働いてきたことが大きく影響している。数えきれないほど、多大な迷惑をかけてきた問題児であるにもかかわらず、度々ここで働き続ける場所を提供して頂いてきたことに心から感謝している。

～Matcher 株式会社～

「親父、こんなん好きやろ?」、こんな息子の一言で、ひょんなことから巡り合ったMatcherアプリ。まさか、同アプリ内で社会人ボランティアに登録してから、本を出版するという筋書きに発展するなど全くの想定外。それだけこのプラットフォームにどっぷりハマってしまったが、アプリストアに数あるアプリの中から、社会的存在意義があるアプリだと思っている。

同社CEOの西川氏に、本書への社名掲載の快諾を頂いた際に、少しメールでやりとりをさせて頂いた。同氏の本プラットフォームを立ち上げた背景と志は、想像どおりだったし、とても素敵な考え方に基づいていた。私が多くの学生達と巡り合い、様々な人間模様、様々な若者達の価値観に触れる機会を与えてくれたことに心から感謝をしている。

～恩人～

本書の中でも綴ってきたが、私は一度死にかけている。その私の命の恩人であるH・IさんとT・Iさん。この二人がいなかったら私の屍《しかばね》はマレーシアから日本に空輸されていたかもしれない。今ここに、私の命はなかったかもしれない。私が苦しんでいた時に、私から目を逸らさず、精一杯二人の時間を私のために費やしてくれた。このご恩は一生忘れてはならない。

加えて、Wellbeのマレーシア法人で当時のN社長とスタッフの方々から、同社の本来のミッションを大幅に超える、人間味溢れるサポートを頂き、本当にお世話になった。心から感謝している。

〜家族〜

六十九歳でこの世を去った父。とても気性が荒く、クソがつくほどの真面目で厳格な父だった。私に五年間のアメリカ生活という貴重な経験と試練を与えてくれた。間質性肺炎を患っていた父が亡くなるまでの最期の二週間、私は仕事を放置して会社を休み続け、病院に寝泊まりして父に付ききりで看病し、見送ることができた。ここでも会社や職場の仲間には大変な迷惑をかけてしまったが、私はこの二週間、父の看病を離れなくてよかった。私の父への感謝の気持ちは、この二週間に精一杯込めることができたから。

今年で八十三歳の母。月の半分以上をグランドゴルフで楽しみ、四十年近く続けている水泳においては、今でも週に三回以上、毎回2㎞を泳ぐ鉄人ばぁちゃん。私が生きてきた中で怒られた記憶が全くないほど、仏のように優しく、私が度々壁にぶちあたっては勇気づけてくれてきた私の心のオアシス。その母と同じマンションに住む五歳年上の私の姉。私が凹んで、どうしようもない魂の抜け殻になった時でも、私に対して生きる希望の声を届け続けてきてくれた。こんな母と姉にも、いつも支えになってくれてありがとうと伝えたい。

最愛の妻、娘、息子への私の思いは本書の中で十分伝わったと思う。

最後に、私を本書の制作に導いてくれた、私と関わってきてくれた就活生達。この本が出版される頃には、きっと皆、社会での活躍の場が決まっていることだろう。皆さんの人生の一部を私とシェアしてくれたことに心から感謝している。皆、それぞれに、これからもユニークでOnly Oneな人生を歩んでいってほしい。社会のどこかで仕事で交われることを願っている。Thank you and wishing you all the best.

著者紹介

中原勇一郎 （なかはら ゆういちろう）

1970年大阪生まれ。1990年同志社国際高等学校卒業。1994年同志社大学文学部英文学科卒業。1994年松下電器産業株式会社（現パナソニック株式会社）入社。

幻冬舎ルネッサンス新書 258

就職《しゅうしょく》活動《かつどう》の本質《ほんしつ》

2022年11月17日　第１刷発行

著　者　　中原勇一郎
発行人　　久保田貴幸

発行元　　株式会社 幻冬舎メディアコンサルティング
〒151-0051　東京都渋谷区千駄ヶ谷4-9-7
電話　03-5411-6440（編集）

発売元　　株式会社 幻冬舎
〒151-0051　東京都渋谷区千駄ヶ谷4-9-7
電話　03-5411-6222（営業）

ブックデザイン　田島照久
印刷・製本　中央精版印刷株式会社

検印廃止

ISBN978-4-344-94231-8 C0295
幻冬舎メディアコンサルティングＨＰ
http://www.gentosha-mc.com/